特殊教育的方法
与应用研究

施茵茹 ◎ 著

吉林出版集团股份有限公司
全国百佳图书出版单位

图书在版编目（CIP）数据

特殊教育的方法与应用研究 / 施茵茹著. -- 长春：
吉林出版集团股份有限公司，2024.4
ISBN 978-7-5731-5001-1

Ⅰ. ①特… Ⅱ. ①施… Ⅲ. ①特殊教育－教育研究
Ⅳ. ①G76

中国国家版本馆CIP数据核字(2024)第095187号

TESHU JIAOYU DE FANGFA YU YINGYONG YANJIU

特殊教育的方法与应用研究

著　者	施茵茹	
责任编辑	田　璐	
装帧设计	朱秋丽	
出　版	吉林出版集团股份有限公司	
发　行	吉林出版集团青少年书刊发行有限公司	
地　址	吉林省长春市福祉大路 5788 号（130118）	
电　话	0431-81629808	
印　刷	北京昌联印刷有限公司	
版　次	2024 年 4 月第 1 版	
印　次	2024 年 4 月第 1 次印刷	
开　本	787 mm×1092 mm　1/16	
印　张	11	
字　数	234千字	
书　号	ISBN 978-7-5731-5001-1	
定　价	76.00元	

前　言

特殊教育是国家教育事业的组成部分，不同学者对特殊教育的界定有所不同。朴永馨认为特殊教育是使用一般或经过特别设计的课程、教材、教法、教学组织形式和设备，对特殊儿童进行的达到一般的和特殊的培养目标的教育。也有人将特殊教育界定为一种特殊的实践活动，认为特殊教育是根据国家、社会以及儿童身心发展的规律，有目的、有计划、有组织地培养特殊儿童，使他们成为对社会有用的劳动者和接班人的一种社会实践活动，它的目的和任务是最大限度地满足社会的要求和特殊儿童的教育需要，发展他们的潜能，使他们增长知识、获得技能、完善人格，增强社会适应能力，成为对社会有用的人才。

特殊教育在中国的发展归纳起来大致经历了两个发展阶段：一是隔离特殊教育阶段，即以特殊学校为主要安置形式的特殊教育阶段；二是融合特殊教育阶段，即以特殊教育学校为骨干和示范、普通学校随班就读为主体、送教上门和远程教育为补充的特殊教育发展阶段，并正在向公平而有质量的完全融合教育阶段迈进。

我国特殊教育发展要以习近平新时代中国特色社会主义思想为指导，按照党的十九大报告提出的"办好特殊教育"要求和党的十九届五中全会关于完善特殊教育保障机制的重要精神，全面贯彻党的教育方针，落实立德树人根本任务，遵循特殊教育规律，以适宜融合为目标办好特殊教育，全面提高特殊教育质量。

2021年《"十四五"特殊教育发展提升行动计划》提出，特殊教育主要是面向视力、听力、言语、肢体、智力、精神、多重残疾以及其他有特殊需要的儿童青少年提供的教育，是教育事业的重要组成部分，是建设高质量教育体系的重要内容，是衡量社会文明进步的重要标志。从宏观上看，特殊教育的意义在于促进人、社会和自然的和谐发展。办好特殊教育是一个涉及社会生产力、政治制度、文明程度和民族素质的系统工程。特殊教育需要全社会的关心与参与，需要家庭、学校、社会的密切配合。具体来看，特殊教育的意义主要体现在社会和人两个方面。

随着科技的进步和社会的不断发展，教育的形式也在发生着翻天覆地的变化，特殊教育作为一种必不可少的教育形式，也在不断探索新的教育方法与具体应用，并在实践中不断完善。

本书以特殊教育理论基础为切入点，首先梳理了特殊教育的基本概况及发展趋势，其次探讨了特殊教育的对象、安置等，再次从特殊教育的课程教学、教师培养、评价体系以及合作教学等方面分析研究了特殊教育的学科建设，最后探究了现代基于辅助科技背景的特殊教育。

本书在撰写过程中，参考、借鉴了大量著作与部分学者的理论研究成果，在此一一表示感谢。由于笔者精力有限，加之行文仓促，书中难免存在疏漏与不足，望各位专家学者与广大读者批评指正，以使本书更加完善。

目　录

第一章 特殊教育概述

对特殊儿童和特殊教育的认识和探索，是随着社会的发展和人类的进步而不断发展的。本章重点阐述特殊儿童概念、特殊儿童分类和特殊儿童分级，以及特殊教育的概念、特殊教育的目的、特殊教育的原则和特殊教育的意义。

第一节 特殊儿童

一、特殊儿童的概念

对特殊儿童的认识是随着社会的发展，特别是随着人类对人权、民主、公平的全面推进而不断发展的。对特殊儿童的认识，主要经历了从"残疾儿童"到"特殊儿童"，从"特殊儿童"到"特殊教育需要儿童"，从"特殊教育需要儿童"到"活动参与受限儿童"三个主要阶段。

随着特殊教育对象由残疾儿童、特殊儿童，到有特殊教育需要儿童，其范围不断扩大。"特殊教育需要儿童"概念的提出，超出了传统的以医学和病理学为基础的残疾分类、诊断，从教育的视角审视儿童需要，用"特殊教育需要儿童"概念取代了"残疾儿童"与"特殊儿童"，意味着每个儿童都有可能在某个发展阶段遭遇学习困难而具有特殊教育需要。特殊教育对象的范围超出了"残疾"范畴，面向更加复杂多样的学习困难儿童。有人甚至提出"人人都有特殊需要，人人都需要特殊教育"的大特殊教育观，将特殊教育对象的范围进一步扩大。

特殊教育对象的不断扩大，使得特殊教育不仅是特殊学校的责任，也将是普通学校的责任。这不仅使狭义的残疾人教育走向真正广义的特殊教育，也使特殊教育成为普通学校难以回避的一个问题。这不仅为世界特殊教育与融合教育提供了理论研究和实践探索的思想基础，也为我国特殊教育与随班就读的发展提供了理论指导。

从特殊教育的现状来看，在理论研究上特殊教育对象的范围有扩大的趋势，但在实践中，特殊教育对象的范围主要还是局限在狭义的特殊儿童对象上。"特殊儿童"有广义与狭义之分。

（一）残疾儿童

残疾儿童，又称为"缺陷儿童""障碍儿童"，是指在身心发展上有各种缺陷的儿童。但这只是学术理论上的概念。在各种法律法规中，更多的是从残疾人的角度来理解残疾儿童概念的，没有专门提出"残疾儿童"概念，但一些法律文本有时会提到"残疾儿童"或"残疾儿童、少年"。以下是几个法律文本给出的关于残疾人的概念。

1983 年国际劳工组织第 69 届大会通过的《残疾人职业康复和就业公约》（中国于 1987 年批准）规定，"残疾人"一词系指由于被正当承认的身体或精神上的损伤致使其获得和保持合适的职业并得以提升的前景大为降低的个人。

《中华人民共和国残疾人保障法》（2008 年修订）指出："残疾人是指在心理、生理、人体结构上，某种组织、功能丧失或者不正常，全部或者部分丧失以正常方式从事某种活动能力的人。"那么残疾儿童就是指在心理、生理、人体结构上，某种组织、功能丧失或者不正常，全部或者部分丧失以正常方式从事某种活动能力的儿童。

（二）特殊儿童

关于如何界定特殊儿童，在我国有广义和狭义两种理解。广义的特殊儿童是指与正常儿童在各方面有显著差异的各类儿童。这些差异可表现在智力、感官能力、情绪和行为发展或言语等方面，它既包括低于正常发展的儿童，也包括高于正常发展的儿童以及有轻微违法犯罪的儿童。狭义的特殊儿童，是指身心发展上有各种缺陷的儿童，即残疾儿童。特殊儿童的概念，在我国主要是学术理论上讨论的问题，在各种法律文本中没有关于"特殊儿童"的定义或规定，而只有"残疾儿童"或"残疾儿童、少年"或"残疾人"的提法。因此，我国的特殊儿童主要是指残疾儿童。

理解特殊儿童的定义涉及很多方面的问题，不同的学者对特殊儿童有不同的理解，特别是在范围方面，有的学者将特殊儿童的范围无限扩大，甚至扩大到所有具有特殊需要的人，存在"泛化"的现象。在理论上讨论特殊儿童，"显著差异"和"特殊性"是两个关键性问题。

显著差异的"量"是多少？这需要通过鉴定才能知道其标准，而且随着科学技术的发展，这些标准应该是变化的。显著差异又分为群体间显著差异、个体间显著差异、个体内显著差异。正是因为特殊儿童之间差异显著，异质性比较明显，所以在教育中需要采用个别化教学策略。

特殊儿童的特殊性在于其自身显现出来的个体差异具有显著性，也就是说，在统计学意义上，有超出一般的常模范围，体现了一种"异常"的特性，或"非典型"特征。由于特殊儿童的特殊性，所以在对特殊儿童进行教育时，除了使用一般的教育措施之外，还需要经过特别设计的教育内容、方法和手段。

（三）活动参与受限儿童

2001 年世界卫生组织颁布《国际功能、残疾和健康分类》（International Classification of Functioning，Disability and Health，简称 ICF），将"残疾"改称为"活动受限"，将"障碍"改称为"参与限制"。"活动受限"是指由于损伤使能力受限或缺乏，以致人不能按正常的方式和在正常的范围内进行活动，表示个体水平上的残疾。"参与限制"是指由于损伤和残疾而限制或阻碍一个人按其年龄、性别、社会、文化等因素正常地发挥社会作用，表示社会水平上的残疾。"活动受限"是个体进行活动时可能遇到的困难，"参与限制"是个体投入一种生活情境中可能经历的问题，它们是《国际功能、残疾和健康分类》中评定人的身体功能、残疾和健康状况和等级的专门术语。

我国相关的法律和法规对特殊教育对象的界定没有规范，存在名称不统一、不恰当的问题。例如，2018 年修订的《中华人民共和国宪法》将特殊教育对象命名为"盲、聋、哑和其他有残疾的公民"，2006 年修订的《中华人民共和国义务教育法》将三类特殊教育的对象命名为"视力残疾、听力语言残疾和智力残疾的适龄儿童、少年"，2008 年修订的《中华人民共和国残疾人保障法》规定："残疾人包括视力残疾、听力残疾、言语残疾、肢体残疾、智力残疾、精神残疾、多重残疾和其他残疾的人。"将特殊教育对象界定为"残疾人"。因此，中国特殊教育对象需要在法律层面上进一步规范和统一。

二、特殊儿童分类

（一）关于特殊儿童分类的争论

特殊儿童产生的原因是极其复杂的，其外在表现也千差万别。为了便于教育，早在 18 世纪，人们就已经开始对特殊儿童进行分类，并根据其特点进行安置。自 20 世纪中叶以来，学术界对特殊儿童要不要分类、如何进行分类等问题展开了热烈的讨论。关于特殊儿童分类的举动，既有赞成也有反对的声音。持不同观点的人都阐述了各自的理由。如赞成分类者认为分类有助于对特殊儿童进行恰当的安置，并提供相应的特殊教育与服务；有助于对特殊儿童进行因材施教。反对分类者认为现行的分类方法容易导致错误的分类和乱贴标签；分类强化了特殊儿童与普通儿童的区别，同时又掩盖了同类儿童之间的个体差异；分类使一些被标记为残疾儿童的个体形成消极的自我概念。

（二）关于特殊儿童分类的方法

尽管关于特殊儿童分类的争议不断，但越来越多的人还是认为对特殊儿童进行分类是有必要的。由于分类的依据、目的、范围的界定不同，特殊儿童对象有不同的分类方法。问题的关键是如何找到一种比较好的分类方法，尽可能地减少分类带来的消极影响。

过去人们关注的是儿童的残疾或障碍，一般以医学作为分类的基础，从 20 世纪 70 年代起，人们开始尝试根据特殊儿童当前的表现以及所需要的教育和服务来进行分类。

例如，1972 年伊斯科和培恩提出了三方面九维度分类方法：基本状况（可见的生理偏差、运动能力及局限、沟通能力及问题）、调节状况（同伴接受、家庭干预、自我尊重）、教育状况（动机、学业状况、教育潜能）。1992 年，美国智力障碍学会提出，应依照需要支持和辅助的程度来进行分类，并将智力障碍儿童分成间歇性支持辅助、有限性支持辅助、广泛性支持辅助、全面性支持辅助四个类别。如今，人们更多是从学习者的角度来看待特殊儿童，越来越倾向于采用与教育有关联的分类体系，同时随着特殊教育对象的扩大，学习障碍、情绪和行为障碍等也包括在新的分类体系当中。

（三）特殊儿童的分类

按照 2006 年第二次残疾人抽样调查标准，残疾分为七类，即视力残疾、听力残疾、言语残疾、智力残疾、肢体残疾、精神残疾、多重残疾。

《中华人民共和国残疾人保障法》（2008 年修订）规定："残疾人包括视力残疾、听力残疾、言语残疾、肢体残疾、智力残疾、精神残疾、多重残疾和其他残疾的人。"

我国 2011 年《残疾人残疾分类和分级》国家标准规定："按不同残疾分为视力残疾、听力残疾、言语残疾、肢体残疾、智力残疾、精神残疾和多重残疾。"

1. 视力残疾

视力残疾是指由于各种原因导致双眼视力低下并且不能矫正或双眼视野缩小，以致影响其日常生活和社会参与。视力残疾包括盲及低视力。

2. 听力残疾

听力残疾是指由于各种原因导致双耳不同程度的永久性听力障碍，听不到或听不清周围环境声及言语声，以致影响其日常生活和社会参与。

3. 言语残疾

言语残疾是指由于各种原因导致的不同程度的言语障碍，经治疗一年以上不愈或病程超过两年，而不能或难以进行正常的言语交流活动，以致影响其日常生活和社会参与。包括失语、运动性构音障碍、器质性构音障碍、发声障碍、儿童言语发育迟滞、听力障碍所致的言语障碍、口吃等（注：3 岁以下不定残）。

4. 肢体残疾

肢体残疾是指由于人体运动系统的结构、功能损伤造成的四肢残缺或四肢、躯干麻痹（瘫痪）、畸形等导致人体运动功能不同程度丧失以及活动受限或参与的局限。肢体残疾主要包括：

（1）上肢或下肢因伤、病或发育异常所致的缺失、畸形或功能障碍；

（2）脊柱因伤、病或发育异常所致的畸形或功能障碍；

（3）中枢、周围神经因伤、病或发育异常造成躯干或四肢的功能障碍。

5. 智力残疾

智力残疾是指智力显著低于一般人水平，并伴有适应行为的障碍。此类残疾是由于神经系统结构、功能障碍，使个体活动和参与受到限制，需要环境提供全面、广泛、有限和间歇的支持。

智力残疾包括在智力发育期间（18 岁之前），由于各种有害因素导致的精神发育不全或智力迟滞；或者智力发育成熟以后，由于各种有害因素导致智力损害或智力明显衰退。

6. 精神残疾

精神残疾是指各类精神障碍持续一年以上未痊愈，由于存在认知、情感和行为障碍，以致影响其日常生活和社会参与。

7. 多重残疾

多重残疾是指同时存在视力残疾、听力残疾、言语残疾、肢体残疾、智力残疾、精神残疾中的两种或两种以上残疾。

与 1987 年第一次残疾人抽样调查相比，这次对各类残疾概念的界定充分参考了《国际功能、残疾和健康分类》的理念，并对残疾概念做了适当的修订。

ICF 认为，残疾是一个包括损伤、活动受限或参与局限性在内的包罗万象的术语。ICF 中的术语及其思想就影响着 1987 年中国残疾人抽样调查残疾标准中的"听力残疾""视力残疾""智力残疾""肢体残疾"等概念的调整，特别是 ICF 中的"活动""活动受限""参与""参与局限性"等术语及其思想在这次残疾分类中得到了明显的体现。"活动受限"和"参与局限性"主要是指人在进行活动时可能遇到的困难，以及投入生活情境中可能经历的问题。与 1987 年中国残疾人抽样调查中使用的残疾概念相比，这次分类标准中使用的残疾概念突出强调了要从正面、功能和社会意义方面来理解残疾，要从个人活动和社会参与的能力受限的范围和程度来进行评估，并以恢复或补偿个人活动和社会参与能力作为目标来制订教育与康复计划。

三、特殊儿童分级

特殊儿童，又称为残疾儿童，其分级一般以社会功能障碍为主来确定残疾，即以社会功能障碍的程度划分残疾等级。为利于国际学术交流和资料的互相比较，凡是已经有国际统一标准的，尽量与国际统一标准保持一致；对没有国际统一标准的，自行制定。根据我国 2011 年《残疾人残疾分类和分级》国家标准规定，各类残疾按残疾程度分为四级：残疾一级、残疾二级、残疾三级和残疾四级。残疾一级为极重度，残疾二级为重度，残疾三级为中度，残疾四级为轻度。

（一）视力残疾分级

按视力和视野状态分级，其中盲为视力残疾一级和二级，低视力为视力残疾三级和四级。视力残疾一级是指：视力范围 <0.0002，或视野半径 <5°。视力残疾二级是指：视力范围在 0.02 ~ 0.05，或视野半径 <10°。视力残疾三级是指：视力范围在 0.05 ~ 0.1。视力残疾四级是指：视力范围在 0.11~0.3。

视力残疾均对双眼而言，若双眼视力不同，则以视力较好的一眼为准。如仅有单眼为视力残疾，而另一眼的视力达到或优于 0.3，则不属于视力残疾范畴。视野以注视点为中心，视野半径小于 10 度者，不论其视力如何均属于盲。

（二）听力残疾分级

听力残疾分级原则，按平均听力损失，及听觉系统的结构、功能，活动和参与，环境和支持等因素分级（不佩戴助听放大装置）。对于 3 岁以内的儿童，残疾程度一、二、三级的定为残疾人。

1. 听力残疾一级

听觉系统的结构和功能极重度损伤，较好耳平均听力损失大于 90 dB HL，不能依靠听觉进行言语交流，在理解、交流等活动上极重度受限，在参与社会生活方面存在极严重障碍。

2. 听力残疾二级

听觉系统的结构和功能重度损伤，较好耳平均听力损失为 81 ~ 90 dB HL，在理解和交流等活动上重度受限，在参与社会生活方面存在严重障碍。

3. 听力残疾三级

听觉系统的结构和功能中重度损伤，较好耳平均听力损失为 61 ~ 80 dB HL，在理解和交流等活动上中度受限，在参与社会生活方面存在中度障碍。

4. 听力残疾四级

听觉系统的结构和功能中度损伤，较好耳平均听力损失为 41 ~ 60 dB HL，在理解和交流等活动上轻度受限，在参与社会生活方面存在轻度障碍。

（三）言语残疾分级

言语残疾分级原则，按各种言语残疾不同类型的口语表现和程度，脑和发音器官的结构、功能，活动和参与，环境和支持等因素分级。

1. 言语残疾一级

脑和 / 或发音器官的结构、功能极重度损伤，无任何言语功能或语音清晰度小于等于 10%，言语表达能力等级测试未达到一级测试水平，在参与社会生活方面存在极严重障碍。

2. 言语残疾二级

脑和 / 或发音器官的结构、功能重度损伤，具有一定的发声及言语能力。语音清晰度为 11% ~ 25%，言语表达能力等级测试未达到二级测试水平，在参与社会生活方面存在严重障碍。

3. 言语残疾三级

脑和 / 或发音器官的结构、功能中度损伤，可以进行部分言语交流。语音清晰度为 26% ~ 45%，言语表达能力等级测试未达到三级测试水平，在参与社会生活方面存在中度障碍。

4. 言语残疾四级

脑和 / 或发音器官的结构、功能轻度损伤，能进行简单会话，但用较长句表达困难。语音清晰度为 46% ~ 65%，言语表达能力等级测试未达到四级测试水平，在参与社会生活方面存在轻度障碍。

（四）肢体残疾分级

肢体残疾分级原则，按人体运动功能丧失、活动受限、参与局限的程度分级（不佩戴假肢、矫形器及其他辅助器具）。肢体部位说明如下：

全上肢：包括肩关节、肩胛骨；

上臂：肘关节和肩关节之间，不包括肩关节，含肘关节；

前臂：肘关节和腕关节之间，不包括肘关节，含腕关节；

全下肢：包括髋关节、半骨盆；

大腿：髋关节和膝关节之间，不包括髋关节，含膝关节；

小腿：膝关节和踝关节之间，不包括膝关节，含踝关节；

手指全缺失：掌指关节；

足趾全缺失：跖趾关节。

1. 肢体残疾一级

不能独立实现日常生活活动，并具备下列状况之一：

（1）四肢瘫：四肢运动功能重度丧失；

（2）截瘫：双下肢运动功能完全丧失；

（3）偏瘫：一侧肢体运动功能完全丧失；

（4）单全上肢和双小腿缺失；

（5）单全下肢和双前臂缺失；

（6）双上臂和单大腿（或单小腿）缺失；

（7）双全上肢或双全下肢缺失；

（8）四肢在手指掌指关节（含）和足趾跖趾关节（含）以上不同部位缺失；

（9）双上肢功能极重度障碍或三肢功能重度障碍。

2. 肢体残疾二级

基本不能独立实现日常生活活动，并具备下列状况之一：

（1）偏瘫或截瘫，残肢保留少许功能（不能独立行走）；

（2）双上臂或双前臂缺失；

（3）双大腿缺失；

（4）单全上肢和单大腿缺失；

（5）单全下肢和单上臂缺失；

（6）三肢在手指掌指关节（含）和足跖跗关节（含）以上不同部位缺失（一级中的情况除外）；

（7）二肢功能重度障碍或三肢功能中度障碍。

3. 肢体残疾三级

能部分独立实现日常生活活动，并具备下列状况之一：

（1）双小腿缺失；

（2）单前臂及其以上缺失；

（3）单大腿及其以上缺失；

（4）双手拇指或双手拇指以外其他手指全缺失；

（5）二肢在手指掌指关节（含）和足跖跗关节（含）以上不同部位缺失（二级中的情况除外）；

（6）一肢功能重度障碍或二肢功能中度障碍。

4. 肢体残疾四级

基本能独立实现日常生活活动，并具备下列状况之一：

（1）单小腿缺失；

（2）双下肢不等长，差距大于等于 50mm；

（3）脊柱强（僵）直；

（4）脊柱畸形，后凸大于 70° 或侧凸大于 45°；

（5）单手拇指以外其他四指全缺失；

（6）单手拇指全缺失；

（7）单足跖跗关节以上缺失；

（8）双足趾完全缺失或失去功能；

（9）侏儒症（身高小于等于 1.3m 的成年人）；

（10）一肢功能中度障碍或两肢功能轻度障碍；

（11）类似上述的其他肢体功能障碍。

（五）智力残疾分级

按 0～6 岁和 7 岁及以上两个年龄段发育商、智商和适应行为分级。0～6 岁儿童的发育商小于 72 的直接按发育商分级，发育商为 72～75 的按适应行为分级。7 岁及以上按智商、适应行为分级；当两者的分值不在同一级时，按适应行为分级。WHO-DAS II 分值反映的是 18 岁及以上各级智力残疾的活动与参与情况。智力残疾分级见表 1-1。

表1-1　智力残疾分级表

级别	智力发育水平		社会适应能力	
	发育商（DQ）0～6岁	智商（IQ）7岁及以上	适应行为	WHO-DAS II分值18岁及以上
一级	≤25	<20	极重度	≥116分
二级	26～39	20～34	重度	106～115分
三级	40～54	35～49	中度	96～105分
四级	55～75	50～69	轻度	52～95分

适应行为表现：

极重度——不能与人交流，不能自理，不能参与任何活动，身体移动能力很差；需要环境提供全面的支持，全部生活由他人照料。

重度——与人交往能力差，生活方面很难达到自理，运动能力发展较差；需要环境提供广泛的支持，大部分生活由他人照料。

中度——能以简单的方式与人交流，生活能部分自理，能做简单的家务劳动，能参与一些简单的社会活动；需要环境提供有限的支持，部分生活由他人照料。

轻度——能生活自理，能承担一般的家务劳动或工作，对周围环境有较好的辨别能力，能与人交流和交往，能比较正常地参与社会活动；需要环境提供间歇的支持，一般情况下生活不需要他人照料。

（六）精神残疾分级

18 岁及以上的精神障碍患者依据 WHO-DAS II 分值和适应行为表现分级，18 岁以下精神障碍患者依据适应行为的表现分级。

1. 精神残疾一级

WHO-DAS II 值大于等于 116 分，适应行为极重度障碍；生活完全不能自理，忽视自己生理、心理的基本要求；不与人交往，无法从事工作，不能学习新事物；需要环境提供全面、广泛的支持，生活长期、全部需他人监护。

2. 精神残疾二级

WHO-DAS II 值为 106～115 分，适应行为重度障碍；生活大部分不能自理，基本不与人交往，只与照顾者简单交往，能理解照顾者的简单指令，有一定的学习能力；监护下能从事简单劳动；能表达自己的基本需求，偶尔被动参与社交活动；需要环境提供广泛的支持，大部分生活仍需他人照料。

3. 精神残疾三级

WHO-DAS II 值为 96 ～ 105 分，适应行为中度障碍；生活上不能完全自理，可以与人进行简单交流，能表达自己的情感；能独立从事简单劳动，能学习新事物，但学习能力明显比一般人差；被动参与社交活动，偶尔能主动参与社交活动。需要环境提供部分的支持，即所需要的支持服务是经常性的、短时间的需求，部分生活需他人照料。

4. 精神残疾四级

WHO-DAS II 值为 52 ～ 95 分，适应行为轻度障碍；生活上基本自理，但自理能力比一般人差，有时忽略个人卫生；能与人交往，能表达自己的情感，体会他人情感的能力较差；能从事一般的工作，学习新事物的能力比一般人稍差；偶尔需要环境提供支持，一般情况下生活不需要他人照料。

（七）多重残疾分级

按所属残疾类别中残疾程度最重的分级确定其残疾等级。

第二节 特殊教育

一、特殊教育的概念

特殊教育的概念也有狭义和广义之分。对狭义特殊儿童的教育就是狭义的特殊教育，对广义特殊儿童的教育就是广义的特殊教育。有些国家还提出"特殊需要教育"，这种教育正如 1994 年 6 月 10 日联合国教科文组织召开的"世界特殊需要教育大会"通过的《萨拉曼卡宣言》所指出的："每个儿童都有其独特的特性、志趣、能力和学习需要，教育制度的设计和教育计划的实施应该考虑到这些特性和需要的广泛差异。"对不同种类特殊儿童的教育又可分为盲童教育、聋童教育、智力落后儿童教育、自闭症儿童教育、超常儿童教育等。

我国的特殊教育主要是指狭义的特殊教育，即残疾人教育，《中华人民共和国残疾人保障法》《中华人民共和国残疾人教育条例》等都有明确规定。2021 年，我国《"十四五"特殊教育发展提升行动计划》也强调，特殊教育主要是面向视力、听力、言语、肢体、智力、精神、多重残疾，以及其他有特殊需要的儿童青少年提供的教育。

二、特殊教育的目的

（一）特殊教育的方针

2021年新修订的《中华人民共和国教育法》规定，我国的教育方针是教育必须为社会主义现代化建设服务、为人民服务，必须与生产劳动和社会实践相结合，培养德、智、体、美、劳全面发展的社会主义事业的建设者和接班人。这个方针不仅适用于普通教育，也适用于特殊教育。一般来说，特殊教育和普通教育有许多共同之处，普通教育的一般规律在特殊教育中也是适用的，但特殊教育有它特殊的一面。它不仅像普通教育那样在德、智、体、美、劳等方面对学生进行教育，还特别强调进行缺陷补偿和潜能开发的教育。

特殊教育的发展方针是"实行普及与提高相结合，以普及为重点"。但这个方针的具体内容在不同的发展阶段有所不同，例如，在"义务教育"方面，由"着重发展义务教育"修改为"保障义务教育"。《中华人民共和国残疾人保障法》（1990）规定，残疾人教育，实行普及与提高相结合、以普及为重点的方针，着重发展义务教育和职业技术教育，积极开展学前教育，逐步发展高级中等以上教育。2008年修订的《中华人民共和国残疾人保障法》规定，残疾人教育，实行普及与提高相结合、以普及为重点的方针，保障义务教育，着重发展职业教育，积极开展学前教育，逐步发展高级中等以上教育。

（二）特殊教育的目的

新修订的《中华人民共和国残疾人教育条例》（2017）第2条指出，残疾人教育应当贯彻国家的教育方针，并根据残疾人的身心特性和需要，全面提高其素质，为残疾人平等地参与社会生活创造条件。因此，特殊教育的目的包括两个方面：一是国家教育方针规定的目的，即"培养德、智、体、美、劳等方面全面发展的社会主义事业的建设者和接班人"；二是特殊的目的，即根据残疾儿童的身心特性和需要，通过开发潜能，补偿缺陷，全面提高他们的素质而提出的目的。

（三）特殊学校的目标

《特殊教育学校暂行规程》（1998）提出，特殊教育学校的培养目标是培养学生初步具有爱祖国、爱人民、爱劳动、爱科学、爱社会主义的情感，具有良好的品德，养成文明、礼貌、遵纪守法的行为习惯；掌握基础的文化科学知识和基本技能，初步具有运用所学知识分析问题、解决问题的能力；掌握锻炼身体的基本方法，具有较好的个人卫生习惯，身体素质和健康水平得到提高；具有健康的审美情趣；掌握一定的日常生活、劳动、生产的知识和技能；初步掌握补偿自身缺陷的基本方法，身心缺陷得到一定程度的康复；初步树立自尊、自信、自强、自立的精神和维护自身合法权益的意识，形成适应社会的基本能力。这是特殊学校的一般培养目标，但对盲校、聋校和培智学校而言，其培养目标又有所不同。根据教育部 2007 年颁布的《盲校义务教育课程设置实验方案》《聋校义务教育课程设置实验方案》和《培智学校义务教育课程设置实验方案》，分别提出了盲校、聋校和培智学校的培养目标。

1. 盲校培养目标

《盲校义务教育课程设置实验方案》规定盲校的培养目标是，全面贯彻党的教育方针，促进视力残疾的学生全面发展，尊重个性发展，开发各种潜能，补偿视觉缺陷，克服残疾带来的种种困难，适应现代生活需要。使学生具有爱国主义、集体主义精神和民族精神，热爱社会主义，继承和发扬中华民族的优秀传统和革命传统；具有社会主义民主法治意识，遵守国家法律和社会公德，依法维权；逐步形成正确的世界观、人生观、价值观；正确地认识和对待残疾，具有乐观进取、自尊、自信、自强、自立、立志成才的精神，顽强的意志以及平等参与的公民意识；具有社会责任感，努力为人民服务；具有初步的创新精神、实践能力、科学和人文素养以及环境意识；具有适应终身学习的基础知识、基本技能和方法；身体健康、具有良好的心理素质，养成健康的审美情趣和生活方式，学会交流与合作，初步具有独立生活能力、社会适应能力和人生规划意识，成为有理想、有道德、有文化、有纪律的一代新人。

2. 聋校培养目标

《聋校义务教育课程设置实验方案》规定聋校的培养目标是，全面贯彻党的教育方针，体现时代要求，使聋生热爱祖国，热爱人民，热爱中国共产党；具有社会主义民主法治意识，遵守国家法律和社会公德；具有社会责任感，逐步形成正确的世界观、人生观、价值观，努力为人民服务；具有创新精神、实践能力、科学和人文素养以及环境意识；具有适应终身学习的基础知识、基本技能和方法；具有生活自理能力、社会适应能力和就业能力；具有健壮的体魄、良好的心理素质，养成健康的审美情趣和生活方式，培养自尊、自信、自强、自立的精神，成为有理想、有道德、有文化、有纪律的一代新人。

3. 培智学校培养目标

《培智学校义务教育课程设置实验方案》规定培智学校的培养目标是：全面贯彻党的教育方针，体现社会文明进步要求，使智力残疾的学生具有初步的爱国主义、集体主义精神；具有初步的社会公德意识和法治观念；具有乐观向上的生活态度；具有基本的文化科学知识和适应生活、社会以及自我服务的技能；养成健康的行为习惯和生活方式，成为适应社会发展的公民。

三、特殊教育的原则

特殊教育的原则是指在各类特殊儿童教育过程中必须遵循的基本要求。它是根据特殊教育的目的、规律而提出的指导特殊教育工作的基本要求。特殊教育除了应当遵循普通教育的一般原则外，还应当贯彻补偿教育、早期教育、个别化教育和系统教育等原则。

（一）补偿性原则

补偿性原则，即在特殊教育过程中，要针对特殊儿童的身心特点，尽量用健全器官来代替受损器官的组织功能，充分地发挥儿童内在的潜能，提高特殊儿童的适应能力。人作为一个完整的有机体，各个器官和组织功能是相互联系的，当机体的某一部分发生损伤时，健全器官会在一定程度上代偿受损器官的部分功能。由于儿童的身体器官正处在发育时期，可塑性强，因此早期教育与训练对特殊儿童可以产生重要的补偿效果。

（二）早期性原则

早期教育原则，即应尽早地抓住时机，对特殊儿童进行早期诊断、早期教育和早期干预与训练。抓住特殊儿童关键期的早期教育容易达到事半功倍的教育训练效果。贯彻早期教育原则，首先要做到早期诊断，及早地查明残疾儿童的缺陷所在。其次，在诊断的基础上，尽一切办法来抢救和保存残疾儿童的残存能力（如残余视力和残余听力等），防止其功能继续退化。最后，针对残疾儿童的缺陷，及早地对其进行训练和矫正，提高他们的适应能力。例如，对聋儿进行口语训练和佩戴助听器的训练等。

（三）个别化原则

个别化教育原则，即要根据特殊儿童身心发展的具体情况，本着实事求是的精神，制定个别化的教育与训练方案，进行有针对性的教育。

个别化教育原则是量力性原则在特殊教育过程中的具体化。特殊教育的个别化教育原则包括两层意思：一是在评估、鉴定的基础上，确定特殊儿童的教育训练目标和方法；二是充分地考虑到他们之间的种种差异，根据他们不同的接受能力、知识水平因材施教，不能以正常儿童的发展为参照性坐标来要求和衡量特殊儿童的教育。总的来说，个别教育提倡从特殊儿童的实际情况出发，依据特殊儿童的身心条件、年龄特征、发展水平、个性差异，进行有针对性的、有的放矢的教育，促使特殊儿童的潜能得到最大限度地发挥。

（四）系统性原则

特殊教育是一个系统工程，应将家庭教育、学校教育、社会教育结合起来，从医疗养护、教育训练、就业培训三个方面，不断地巩固和发展学前教育、学校教育、成人教育的成果，这样才能取得良好的教育训练效果。贯彻特殊教育的系统性原则，首先要树立一个大教育的观念，从家庭、学校、社会三个方面来考虑对特殊儿童的教育问题；其次要抓住每个教育阶段、教育环节中的重点和难点问题，解决主要矛盾；最后要巩固各个阶段的教育成果，使其得到不断的强化和提高，既要引导学生扎扎实实、循序渐进地掌握知识、技能，又要培养他们有组织、有计划、坚持不懈地进行刻苦学习和训练的品质与习惯，使他们成为意志坚强的有用人才。

上述特殊教育的几个基本原则并不是孤立的，在实际的贯彻过程中，它们是相互联系、相互制约的。特殊教育工作者应当把它们结合起来，全面地加以贯彻，以提高教育的质量和水平，达到预期的教育目的。

四、特殊教育的意义

（一）促进特殊儿童发展

1. 能更好地开发特殊儿童的潜能

因为特殊教育使用一般或经过特别设计的课程、教材、教法、教学组织形式和设备，十分强调根据特殊儿童的身心状况和不同水平进行有针对性的个别化教学，故与普通教育相比，特殊教育能更好地对儿童因材施教，最大限度地发挥特殊儿童的潜能。而在普通教育中，多采用统一教材、统一进度、统一要求的班级教学，很难照顾到学习基础和接受水平过低或过高的儿童，不能满足不同水平儿童的学习需要。因此，特殊教育能更好地开发特殊教育的潜力。

2. 能使特殊儿童成为自食其力的劳动者

教育是一种人力资源的开发，教育的资金投入可以产生个人的经济效益和社会效益。未受教育或受教育程度很低的残疾人，大多都要靠父母或社会来抚养。但是，接受一定的教育和职业训练后，他们就有可能成为自食其力的劳动者，甚至和正常人一样，发挥自己的聪明才智，依靠自己的劳动为社会创造财富。而他们也只有在为社会服务的时候，才能感到自己的社会价值和尊严。特殊教育的一个重要特征就是针对复杂多样的个别差异采取个别化的教育教学措施，最大限度地满足特殊儿童的特殊学习需要，通过适当的课程、组织安排、教学方法、教学策略、教育资源的使用以及与社区的合作，使他们掌握一技之长，成为自食其力的、对社会有用的劳动者和接班人。

3. 能更好地保障特殊儿童的教育权利

我国特殊教育条例明确规定，特殊教育是教育的重要组成部分，受教育权是每个儿童不可剥夺的权利。特殊儿童由于身心障碍的影响，往往处于社会边缘，成为典型的被排斥、被歧视的弱势群体，因此特殊教育就是使他们享有受教育的权利。满足基本学习需要的受教育机会，是人们能生存下去、充分发展自己的能力、有尊严地生活和工作、充分参与发展、提高自己生活质量所需要的。特殊教育体现了教育公平的理念，它将使每个社会成员都享有受教育的权利。

（二）促进社会和谐发展

1. 特殊教育有利于促进社会民主

特殊教育是随着社会进步特别是人权进步而发展的，它是社会民主进步的一种体现。特殊教育体现了特殊儿童对社会民主与平等的诉求。特殊教育突出地体现了教育民主化特征，并通过对教育民主的追求，促进社会民主。特殊教育作为教育民主化的一个重要内容，为特殊儿童提供一个平等接受教育的机会，包括入学机会、享有教育资源机会和教育结果的均等。特殊教育正是通过对特殊儿童实施平等的教育实践，来保障他们的受教育权和学习权，从而推进社会民主的发展。

2. 特殊教育有利于促进社会公平

特殊教育在促进社会公平方面，主要表现为改变人们的社会观念，宣传平等思想。特殊教育作为一项社会活动，其本身就是弘扬公平、正义、民主、平等的过程。因此，特殊教育必然会促进社会的公平。自20世纪中期以来，男女平等、教育平等逐渐成为人们的共识，许多国家都在国家大法中明确地规定，每一个公民都有接受教育的权利。我国《中华人民共和国宪法》第45条中明确规定，国家和社会帮助安排盲、聋、哑和其他有残疾的公民的劳动、生活和教育。发展特殊教育是实现社会公平权利的必由之路。

3. 特殊教育有利于促进社会文明

特殊教育是针对特殊儿童的教育，尤其是针对严重的感官残疾人的教育。特殊儿童从被歧视、被虐待、被剥夺教育的权利到被同情和接纳，经历了漫长和艰难的历程，从中可以明显地看出，特殊教育的发展本身就是人类社会生产力和文明程度不断提高的产物，是社会物质文明和精神文明的重要标志，特殊教育能促进社会文明不断发展。

4. 特殊教育有利于提高整体教育水平

特殊教育不仅是为特殊儿童，尤其是残疾儿童提供了接受教育的机会，同时也促进了普通教育的发展。自改革开放以来，随着我国特殊教育的发展，特别是通过特殊儿童随班就读的发展，基本普及了特殊儿童的义务教育。在特殊儿童和正常儿童的融合教育中，培养儿童之间互助友爱的精神，一部分特殊儿童刻苦学习的行为为正常儿童树立了光辉的榜样，从而使特殊教育与普通教育相互促进，共同发展。因此，特殊教育有利于提高教育的整体水平。

第二章 特殊教育的对象研究

特殊教育对象是指在身心发展上与普通儿童存在较大差异且在正常范围之外的儿童，就其水平来说，他们既可能低于常态的标准，也可能高于常态的标准。在我国大陆现在的学校教育系统中，特殊教育对象是指低于常态标准的残疾儿童。本章主要阐述了智力残疾儿童、广泛性发展障碍儿童、听力残疾儿童、视力残疾儿童、肢体残疾儿童和言语残疾儿童六类残疾儿童的基本含义、发生原因和基本特点。

第一节 智力残疾儿童

一、智力残疾的含义

有关智力残疾的术语有多种，如智力落后、智力障碍、精神发育迟滞等。2006 年，第二次全国残疾人抽样调查中的残疾标准，对智力残疾的定义是：智力残疾是指智力显著低于一般人水平，并伴有适应行为的障碍。此类残疾是由于神经系统结构、功能障碍，使个体活动和参与受到限制，需要环境提供全面、广泛、有限或间歇的支持。智力残疾包括在智力发育期间（18 岁之前），由于各种有害因素导致的精神发育不全或智力迟滞；或者智力发育成熟以后，由于各种有害因素导致的智力损害或智力明显衰退。而智力残疾人则是指智力发展水平显著低于一般水平，并伴有适应行为障碍的人。

二、智力残疾的原因

导致智力残疾的因素很多、很复杂，既有生物医学、社会文化、行为等的原因也有教育的原因，既有产前、围产期的原因也有产后的原因等。例如：生物医学因素中的染色体畸变、先天性代谢异常、大脑发育不良等；社会文化因素中的贫困、母亲营养不良、家庭暴力等；行为因素中的父母吸毒、酗酒、吸烟等；教育因素中的缺乏足够的早期干预和特殊教育服务，缺乏足够的家庭支持等。又如，产前的遗传病，围产期的早产、产伤、新生儿障碍等，产后的脑外伤、营养不良、社会剥夺等。

三、智力残疾儿童的特点

（一）身体特征

智力残疾儿童的身体发育，由于其缺陷程度不同而有所差异。轻度智力残疾儿童的身体发育与正常儿童没有明显的区别。随着智力程度的加重，智力残疾儿童的身体发育会越来越差，生理和健康问题也会越来越多。从外表上看，大多数智力残疾儿童没有特殊的面貌，只有小部分特殊类型的儿童才显示出特殊的面貌。如先天愚型的儿童就有较为显著的外部特征：眼距宽、脸圆而扁、鼻梁塌陷等。

（二）心理特征

研究结果显示，大多数智力残疾儿童感知速度缓慢，如他们不爱看画面转换太快的动画片。智力残疾儿童感知容量小，如有人用速示器呈现不连续、无意义的单词，时距1/10秒，正常儿童可正确感知 7 ± 2 个单词，最多可以感知15个，而智力残疾的儿童一般只能感知3~4个。与其他各类残疾儿童相比，智障儿童最为突出的心理特点是大脑功能发育障碍。大脑是人体各种功能产生的司令部，也是人的认知、情感、思维、推理等各种高级心理活动产生的来源地，智障儿童由于智力落后，会影响到大脑功能的作用。由于大脑受到影响的区域不同、程度不同，所以智力障碍的表现形式也不相同，有的表现为综合障碍；有的表现在某一方面能力低下，其他方面较好或接近正常；有的表现为许多方面能力都很差，某一方面却接近正常甚至超常。智力残疾儿童在记忆方面表现为识记速度慢，保持不牢固，再现困难或不准确；记忆的目的性差，选择功能薄弱。在语言发展方面，智力残疾儿童语言发展水平较低，发展速度也更迟缓。在思维发展上，智力残疾儿童长期停留在直观形象思维阶段，抽象概括水平低，并且思维刻板，缺乏目的性和灵活性。智力残疾儿童的思维还表现出缺乏独立性和批判性的特征。在个性发展上，智力残疾儿童由于认知活动有缺陷，生活经验相对较少，影响了他们的个性发展，故表现出意志薄弱，缺乏主动性，易受暗示，固执；高级情感发展迟缓，不稳定，调节能力差；兴趣单一，稳定性差；失败期望高于成功期望，自我观念消极。

第二节　广泛性发展障碍儿童

广泛性发展障碍儿童，特别是自闭症儿童，由于其原因至今尚未弄清楚，有人认为他们生活的世界与普通人生活的世界是两个完全不同的世界，从而把自闭症儿童看作世界上最特殊的儿童。下面主要介绍广泛性发展障碍儿童的含义、原因以及基本特点等。

一、广泛性发展障碍的含义

广泛性发展障碍（Pervasive Developmental Disorder，简称PDD）又称为自闭症候群、自闭症谱系障碍（Autism Spectrum Disorder，简称ASD），有时候也称广义自闭症。

1943年，美国儿童精神医学之父坎纳（Kanner）在1943年发表了11个儿童的个案报告，首次提出"婴儿自闭症"（infantile autism）一词。他成为第一个对自闭症进行描述和命名的人。autism源自希腊文autos，意指"自我"之意，原是描述伴随有社会畏缩行为，以及在思考方面因受到欲念与情绪支配而在生活上毫无目标的成年精神障碍者。坎纳描述的自闭症儿童特征如下：与别人交往有困难；过度封闭，似乎要把自己和外部世界隔离开；抵制父母搂抱或拥抱自己；严重的言语缺陷，包括缄语症和言语模仿；有些孩子具有非常明显的机械记忆；早期独特的食物偏好；对重复和一致性的强迫性愿望；怪异和重复的行为，如来回摇摆；游戏活动中缺乏想象，缺失自发性行为；正常的生理外表等。

二、广泛性发展障碍的原因

导致广泛性发展障碍的原因十分复杂。自闭症不是由于父母的养育态度所造成的，它的成因目前医学上并无定论，很可能是多方面的因素造成脑部不同地方的伤害。对于可能造成自闭症的因素，大家对下列三个原因的看法比较集中。

（一）遗传的因素

坎纳在1943年所报道的11个自闭症儿童都是在出生后不久就显现出自闭症的症状，因此他认为自闭症儿童生来就有缺乏与人建立情感联系的能力。有人对双生子同病率进行了研究，如果双生子中的一个患自闭症，另一个不患自闭症，可计算同病率的差异，用以说明遗传程度。部分学者提出，自闭症有遗传的成分，而出生时窒息缺氧、脑轻微损伤等则是辅助性原因。

（二）脑伤的因素

研究发现，很多自闭症儿童有过器质性脑病的历史。侵犯神经系统的疾病有很多，如脑膜炎、脑炎、铅中毒脑病、先天性风疹、脑瘫、严重脑出血等。有些学者认为，在胎儿期和围产期脑受损，则自闭症症状在出生后不久就会出现；在出生以后，婴幼儿期脑感染或损伤，则可能要经过一段正常发育以后才出现自闭症症状。有些临床研究发现，某些神经系统疾病在自闭症患儿中发生率较高，如自闭症患儿的母亲在怀孕及分娩时有异常情况者明显高于其他患儿，这些异常情况包括病毒感染、先兆流产、早产、难产等。这些在怀孕及分娩过程中出现的异常，往往会造成患儿中枢神经系统发育异常。

（三）神经生理异常

有学者对自闭症组和正常组做中间、前后向的核磁共振扫描检查，发现自闭症组比对照组第四脑室明显增大，整个脑干则明显缩小；如做冠状（从头顶）扫描则发现，自闭症组较对照组的小脑要小，而第四脑室则较大。有些学者还发现，自闭症组较对照组小脑明显发育不良。即使在尸体解剖时，自闭症组的小脑异常也始终存在。但这些与自闭症的病因有何联系尚不明确。

神经生理研究认为，自闭症原发于大脑皮层功能失调，理由是：自闭症通常出现的语言和沟通困难属于以大脑功能失调为基础的认知障碍。这种观点得到了大多数自闭症儿童的脑电图异常的支持。这种脑电图的特点是双侧局灶性或弥漫性棘波、慢波和缓慢的节律失调。另一研究认为，自闭症原发于脑干功能失调，其根据是自闭症儿童对接受的感觉刺激与随之做出的动作反应之间的调节功能差，而这种调节是脑干和与之密切相关的间脑的功能。由此推想出自闭症与脑干功能失调有关。

三、广泛性发展障碍儿童的特点

广泛性发展障碍儿童有许多共同特征，如社会性交往障碍、言语障碍、刻板或重复的行为、对感觉刺激的异常反应等。

（一）身体特点

与正常儿童相比，广泛性发展障碍儿童在大运动和精细运动方面，如跑步、上下楼梯或手的使用方面没有明显区别。尽管研究这类患儿的报道较少，但由于他们的广泛性发展障碍，在身体方面存在问题应是肯定的。从个别案例来看，广泛性发展障碍儿童往往动作不协调，身体肌肉的张力过大或过小，具体表现为摸上去软软的或硬硬的，没有正常儿童的感觉。一些患儿的平衡能力异常，极易摔倒。

（二）社交障碍

社会性交往障碍是广泛性发展障碍儿童的重要特征。许多这样的患儿不会表达社会交往的姿势，如向别人展示或指出某物，或者向别人摇头或点头。他们在感知别人情绪状态、表达情绪以及形成依恋和建立同伴关系时存在困难。他们普遍缺乏共同关注，很难参加集体活动。共同关注即看别人在看的东西，如一个婴儿注意到他的母亲转头在看某个东西，他也跟着去看，或者婴儿转头朝着别人指出的东西看去。共同关注使儿童和别人的交互作用处于相同的参照模式内，它在语言和社会技能发展方面是一个非常重要的因素。他们中的大多数喜欢自己玩耍，较少主动与他人交往。

（三）语言障碍

语言和沟通障碍也是广泛性发展障碍儿童的重要特征。这些障碍主要表现在语言发展迟缓、发展异常以及言语过程障碍等方面，但是，在具体到某一个体的时候，又会表现出很大的差异。如个别患儿在语言发展上存在"发展—退化—再发展—再退化"的现象。有些患儿讲的话大部分是模仿语言，并且是一些不带任何明显交流目的的口头短语，这些短语没有语境关系。有些患儿学习了很多词，但是不会恰当或者有效地使用。他们对语言信息只能做具体或字面上的简单处理，无法理解语言后面的社会性意义。

（四）刻板或重复行为

广泛性发展障碍儿童常表现出刻板而重复的行为，这也是这类患儿的典型特点。他们可能重复地做一些在外人看来毫无意义的动作，如坐在座位上摇摆身体，四周打转，用手拍打手腕，一遍又一遍地发出几个音符的嗡叫声。他们会花数小时盯着自己做成的杯子形状的手、凝视着灯、旋转物体或按圆珠笔等。他们有固定的生活模式，如睡觉时有固定的地方、固定的时间、固定的枕头，走路时有固定的路线，看电视时有固定的时间和节目等。有时当家里或教室的日常规则发生改变时，他们会感到有很大的困难。他们坚持所有的东西一直放在原位，一旦某件物品有移动，就会变得心烦。有时他们对某一主题表现出全神贯注，而不管其他所有的东西。他们有时会不间断地谈论一个话题，不顾他人的感受。

（五）对感觉刺激异常反应

广泛性发展障碍儿童对感觉刺激有异常的反应。他们对感觉刺激的反应要么反应过度，要么反应不足。反应过度的患儿不能忍受某些声音，不喜欢被触摸或对某些纹理感觉不舒服。这些异常的反应可能表现在对某种刺激非常敏感，如对声音敏感，声音一大，就受不了；对触摸敏感，别人一接触他的皮肤就紧张等。反应不足，表现在对某些刺激的反应非常迟钝，如对于绝大多数人都会做出反应的刺激，反应不足的患儿会表现出未觉知；一些患儿在正常方式的刺激下似乎不会感到疼痛。有些患者同时表现出反应过度和反应不足，如对于触觉刺激很敏感，而对许多声音却没有反应。

第三节　听力残疾儿童

一、听力残疾的含义

听力残疾也称为听觉障碍、听力障碍、聋、重听或听力损失等。听力残疾是指由于各种原因导致双耳不同程度的永久性听力障碍，听不到或听不清周围环境声及言语声，以致影响日常生活和社会参与。

二、听力残疾的原因

造成听力残疾的原因复杂多样。一般来讲，听力语言残疾儿童的致残原因主要有：家族遗传、近亲结婚、地方病（克汀病等）、发育畸形、妊娠期疾病、药物中毒、高烧疾病、中耳炎、产钳外伤、外伤、噪声以及其他不详的原因。其中，遗传原因和发育所致的听力语言残疾占相当比重，药物中毒、高烧疾病、中耳炎等后天原因所致的听力语言残疾最多，其他病因和不详原因导致的听力语言残疾数量庞大。

听力残疾的病因分类，由于标准的不同而有所不同。在医学上，发生在出生时或出生前的听力损伤被称为先天性听力残疾，在后来的生活中发生的听力损伤被称为后天性听力残疾。但是在教育上，关注的主要是听力损伤是发生在语言发展期之前（称为学语前）还是语言发展期之后（称为学语后）。由于学语后听力残疾儿童有学习语言和用语言交流的基础，因此听力损伤在这个时期之前或之后，对孩子的语言发展影响很大。研究表明，大多数有听力残疾的学生的听力损失发生在学语之前，只有少数听力残疾的学生的听力损失发生在学语之后。

学语前听力残疾的原因较多，但是比较常见的原因有遗传、早产或难产、母亲患有麻疹及先天性巨细胞病毒，其他原因包括怀孕时的并发症等。学语后听觉障碍的原因主要是脑膜炎和中耳炎，其他原因有药物、高烧、传染病和出生之后的外伤等。但是，不管是学语前还是学语后听力残疾，都有许多至今尚不明了的原因。

三、听力残疾儿童的特点

听力残疾儿童的特点包括身体特点和心理特点两个方面。与正常的普通儿童相比，听力残疾儿童的身体特点不如心理特点明显。早期的研究显示，听力残疾儿童的身体形态，总体上的发育水平（如身高、坐高等）不如普通儿童。由于内耳与人的平衡功能有关，如果听力残疾儿童是因为内耳损伤导致，有可能其身体的平衡能力较差，容易摔倒。下面主要介绍听觉障碍儿童的心理特点。

（一）感知特点

感知觉是指人的感觉器官对外界刺激的反应。听力残疾儿童由于各种原因导致双耳听力丧失或听觉障碍，而听不到或听不清周围环境的声音，因此也就无法或难以对外界的声音做出反应。听力残疾儿童的感知觉因残余听力和听力补偿及康复的程度不同而有较大的差异。有的听力残疾儿童能与正常人进行基本的听说交往，有的则只能获得少量的声音刺激，有的则根本听不到周围的声音。综合听、视、触等感知觉，听力残疾儿童的感知特点主要表现在以下三个方面：

1.感知事物不全。由于听力损失或听觉障碍，听力残疾儿童听不到或听不清周围环境的声音，因此他们对复杂的事物和环境感知不全面、不完整。因此，导致听力残疾儿童对物体或周围环境的认识和理解受到限制。例如，听力残疾儿童在看电影时，由于听不到或听不清声音，尽管他们能看到人物的形象、动作及言语活动，但不能完全理解电影的故事情节。

2. 感知主次不清。由于听力残疾儿童听力损失，他们为了弥补听觉的缺陷，就会强化视知觉等，观察事物过于仔细。这样就会导致他们忽视事物的主要方面，辨不清主要和次要、本质和非本质的东西。所以听力残疾儿童的感知常常是层次不明、条理不顺、主次不清。例如，他们在打手势、看图说话等学习与交流活动中常会表现出这些特点。

3. 听觉以外的感知觉得到加强。听力残疾儿童由于听觉器官的缺陷，会因为身体自身的补偿作用，使听觉器官以外的感觉器官（特别是视觉器官）的功能得到加强。一定程度上，视觉在感知活动中处于强势地位。研究表明，听力残疾儿童的视知觉速度提高比较快，在凭借视觉参与的感知活动中，他们的视知觉能力与正常儿童没有显著差异。

（二）注意特点

注意是指心理活动对一定事物的指向与集中，它使人的心理活动处于一种积极的状态。听力残疾儿童由于听力损失，一般来讲，他们的注意与正常的普通儿童相比有以下三个特点：

1. 视觉刺激引起的注意较好。听力残疾儿童由于听力损失或障碍，一般来讲听觉器官刺激引起的注意较差甚至没有，其他感觉器官（特别是视觉器官）刺激引起的注意发展比较好。

2. 有意注意发展缓慢。由于听觉器官的缺陷，听力残疾儿童的语言发展迟缓，与正常学生相比，他们的有意注意形成与发展比较缓慢。

3. 注意的稳定性较差。听力残疾儿童由于听力损失，学习和生活中经常要用到眼睛，长期使用眼睛，会引起眼睛疲劳，从而影响注意的稳定性。

（三）记忆特点

听力残疾儿童由于其听力损失，与正常的普通学生相比呈现出以下两个特点：

1. 以形象记忆为主。形象记忆是根据具体的形象来识记材料，如通过眼睛获得事物的具体形象来组织材料，构成识记的内容。而抽象记忆则是以语词等抽象符号作为其识记的材料，抽象的语词符号主要是通过听觉系统获得的，这恰恰是听力残疾儿童的不足。因此，一般来说，听力残疾儿童的记忆以形象记忆为主。

2. 以手语记忆为主。在我国，听力语言康复水平不高且范围不广，因此听力残疾儿童的学习与交流仍然以手语形式为主。由于手语是将静态的抽象符号转换为动态的视觉形象符号（如手语动作）的语言形式，因此听力残疾儿童在日常的学习与交往过程中主要以手语记忆为主。

（四）思维特点

思维是人的重要心理现象之一，它是指人脑对客观事物概括、间接的反应。思维是以语言作为基础和表现的。听力残疾儿童由于听力损失，在思维发展与形成过程中与正常儿童相比，有以下两个特点：

1. 以具体形象内容为主。听力残疾儿童的思维主要依赖于事物的具体形象，特别是通过视觉器官而获得的具体形象。他们能够掌握具体事物的概念，但不易掌握事物的抽象概念。

2. 以具体形象思维为主。听力残疾儿童由于其听力损失，他们的语言发展水平落后，从而使他们的思维水平也较低，以具体形象思维为主。

（五）语言特点

听力残疾儿童由于听力损失，与他人在交流过程中，不能得到充分而恰当的听觉回馈以及成年人与同伴的语言强化，失去了正常的语言习得环境。听力残疾儿童与正常儿童相比，语言障碍成为他们最明显的特点，具体表现在发音不清、发音不好、音节受限制、词汇量少等方面。

（六）个性特点

听力残疾儿童是否有不同于正常儿童的特点，这个问题尚存争议。不过从教育实践及与听力残疾儿童的交往中，还是会发现他们的个性有不同于正常儿童的地方。

第四节　视力残疾儿童

一、视力残疾的含义

视力残疾又称为视觉缺陷、视觉障碍、视力损伤、盲等。视力残疾是指由于各种原因导致双眼视力低下并且不能矫正或视野缩小，以致影响其日常生活和社会参与。视力残疾包括盲和低视力。在一些国家和地区采用医学分辨方式进行定义，将视觉障碍分为盲和低视力两类。如北美的特殊教育法中的有关条文规定，两眼中较好眼的最佳矫正视力在 20/200 以下者均为盲，低视力者的视力则为 20/70~20/200。前者表示某视力缺陷者在距离物体 20 米的位置尚不能看清正常人在 200 米处就可以看到的物体。

二、视力残疾的原因

导致视力残疾的原因多种多样，同时也比较复杂。总的来说，致残的原因可以分为两大类：一类是先天性的原因，如遗传等；另一类是后天性的原因，如外伤等。

在我国导致视力残疾的主要原因是白内障、青光眼、角膜病、视神经萎缩、沙眼、视网膜色素变性和屈光不正等。其中，白内障是主要的致盲因素之一，排在第一位；角膜病在各种眼病致盲中排第二位；青光眼致盲约排在第三位。

美国抽样调查资料表明，几乎一半的盲人都是由先天性的因素造成的，如先天性眼球萎缩、先天性青光眼、先天性白内障等。后天致病既可能是中毒引起的，也可能是传染病和外伤引起的，如屈光不正、结膜炎、外伤性白内障、高血压和糖尿病引起的视网膜病变等，都可能引起失明或其他程度的视觉障碍。

三、视力残疾儿童的特点

（一）感知特点

视觉在人的认识活动中起着十分重要的作用。据统计，人所获得的信息中，80% 以上来自视觉，因此视觉的丧失对视力残疾儿童的影响是十分严重的。视力残疾儿童由于视觉缺陷，视觉之外的感觉器官，特别是听觉与触觉器官，成为他们感知外界事物属性的主要器官。视力残疾儿童的感知特点主要有：

1. 触觉灵敏。触觉是指人的皮肤触摸物体时产生的感觉。视觉障碍学生（特别是盲生）因视觉缺陷，往往大量地使用触觉。由于经常使用触觉器官来感知外界事物，因此他们的触觉特别灵敏，这是他们长期磨炼的结果。例如，盲生学习盲文，经过反复地练，长期地摸，使得手指辨别盲文的能力提高了，辨认盲文的速度加快了。盲生这种"以手代目"的现象，对他们具有重大的意义。手的触觉不仅帮助视觉障碍学生认识物体的形状、大小、温度、硬度、光滑度、重量等，触觉的表象等还是盲童形成概念、发展思维的基础。

2. 听觉灵敏。听觉是听觉器官对外界物体属性的反应。在失去视觉后，听觉和触觉一样，成为视觉障碍学生，特别是盲生，认识外界事物的重要途径。凭听觉，盲生可以判断发声物体的远近，判断生人熟人，判断人的喜怒哀乐，进行空间定向。听觉对视觉障碍学生的学习，尤其是对语言的学习，对发展语言知觉，以及培养他们的语言和思维具有重要意义。

3. 空间知觉困难。空间知觉是客观事物的空间特性在盲童头脑中的反映。它包括形状知觉、大小知觉、距离知觉、立体知觉、方位知觉等。视觉障碍学生通过空间知觉，反映其与周围物体的空间关系。空间知觉不是生来就有的，而是后天学习的结果。众所周知，人眼视网膜所成的像与实物的方向是相反的，而人能正确地加以感知，乃是后天习得的结果。

空间知觉是对事物形状、大小、距离、方位等的知觉。空间知觉的形成与视觉、听觉、触觉、嗅觉、动觉都有联系，其中以视觉最为重要，所以盲人形成空间知觉比较困难，如距离知觉等。空间知觉中的距离知觉是对物体距离人远近的知觉。人是根据许多条件来估计物体的远近的。正常人大多使用视觉来获得有关距离的知觉，而盲人对距离的感知则有其特别之处：盲人能感知一定距离外不发声的障碍物。在早期，由于认识的局限性，人们认为这种现象不是眼、耳、鼻、舌、身五种感官的知觉，所以将这种对一定距离内的障碍物的知觉叫"第六感觉"。后来研究证明这是一种距离知觉。总之，由于视觉障碍儿童的视力缺陷，其空间知觉困难是显而易见的。

（二）注意特点

视力残疾儿童，特别是盲童，在认知能力的发展方面有不少困难，但他们的注意能力却有较好的发展。盲童失去视力后，在更大程度上需要依赖其他感官获得信息，因而需要更加集中注意，所以他们的听觉、触觉等有意注意都有所加强，尤其是听觉的注意增强了。他们虽然对第一信号的注意相对来说比正常人减少了，但对第二信号——语言的注意却大大加强了。再则，由于他们没有或很少有来自视觉信道的无意注意的干扰，所以盲童比正常儿童更易做到"洗耳恭听"。

（三）记忆特点

记忆是人脑对经历过的事物的反应。由于视觉缺陷，视力残疾儿童在记忆方面有其自身的特点：

1. 缺乏视觉表象或视觉表象不完整。从记忆内容来看，先天全盲的儿童不能通过视觉感知事物，因此缺乏表象。他们通过其他感觉通道所获得的表象可能因感觉的补偿作用而得到加强，如听觉的表象、触觉的表象等。对人的再认，正常人主要凭借对方的身材、长相和行为习惯特征，视障者主要依据对人的语音、语调甚至脚步声回忆。后天失明和有残余视力的儿童，他们只有模糊不清的视觉表象；后天在没有视觉记忆时失明的全盲儿童没有视觉表象；后天有视觉记忆时失明的全盲儿童虽然保持了一些失明前已经形成的视觉表象，但是随着时间的流逝和行为得不到强化，也会逐渐暗淡下去。因此，教师与家长要注意帮助他们经常巩固与利用已经获得的视觉表象，不断强化他们的视觉记忆。

2. 盲童短时记忆的能力较强。一般情况下，短时记忆单位在 5～9 之间，有的实验表明，盲童最少能记住 6 个数字单位，多数人能记住 9～12 个数字单位。

3. 盲童的机械记忆能力较强。在记忆方法上，盲童与健全的人相比，盲童的机械记忆能力较强。在全部的识记内容中，机械识记所占的成分较多，低年级的盲童尤其如此。这是由于盲童因视力残疾而缺乏对事物的感性认识，常常需要识记不理解的东西，因此只好去机械识记。久而久之，其机械识记能力得到增强。加之盲文又是拼音文字，对于音同而意义不同的词，盲童理解起来就很困难，如"同治"和"同志"两个词。若单独拿出来，盲童不可能理解，但联系上下文，盲童就很容易理解并记住了。

（四）思维特点

思维是人脑对客观事物概括和间接的反应。思维一般经过分析、综合、推理、判断等过程。思维包括具体形象思维和抽象逻辑思维。盲童思维发展的规律和正常人之间没有本质上的差别，只不过盲童知觉的特殊性和语言发展上的某些弱点，给其思维的发展带来了某些特殊性：

1.思考问题时，难以抓住事物的本质。盲童对某一事物的分析是建立在自己听到或触摸到的感性经验基础上的，由于缺乏感性的形象知识，常常只依据某一特征或少数几个特征来综合，不易分辨事物的本质和非本质属性，其结果是把不同种类的事物概括在一起或把同类事物排斥于外。如有的盲童认识了苹果是圆的，于是就把圆形的玩具也说成是苹果，原因在于它们都是圆形的。

2.概念的形成、理解困难，分析与推理容易出错。盲童由于视觉障碍而造成的感性经验不足，单凭自己听到的一点知识和经验进行加工，使他们在概念的形成和理解中出现困难。如有的盲童知道自己有两条腿、两只脚，走路、跑、跳都用脚，当听说云在天上走时，就联想到云也是有腿和脚的。"盲人摸象"就是一个典型的例子。盲童由于缺乏视觉表象，对事物的感知受到局限，通过其他感觉获得的感性材料往往只是反映事物的局部特征，盲童以此为依据进行的分析、推理就很容易产生错误的判断。

3.形象思维能力差，抽象思维能力发展缓慢。动作思维、形象思维和抽象思维是思维发展的三个阶段。在正常人的思维中，往往以抽象思维为主，而又兼具其他两种思维形式。但无论哪种思维形式，都与语言和感性经验有关，思维是对客观事物间接概括的反应，它以已有的知识为中介，是借助语言实现的。感性经验越丰富、越全面，思维结果就越正确。盲童由于感性经验不丰富，其语言缺乏感性形象的基础，因而妨碍其思维活动的顺利进行。由于感知方面的限制，盲童的抽象概括能力比较欠缺，所形成的概念往往不准确，常出现概念泛化或概念外延缩小的现象，且难以进行合乎实际的判断推理。

（五）语言特点

正常人语言的获得和发展是视觉经验与语言符号相结合的结果。盲童由于缺乏视觉表象，其语言缺乏感受性认识基础，实物的第一信号与语言的第二信号脱节。这是盲童语言的弱点。因此，盲童的词汇可以很丰富，却往往是照搬和模仿，如他们作文描写的"蔚蓝色的天空飘着白云，火红的太阳……"，并不是本人的"目睹"，只是"耳闻"而已。另外，盲童用表情、手势、动作等来帮助说话比较困难，有些动作显得多余，甚至有明显的盲态。盲童在模仿和学习言语时仅凭听觉，看不到口形，因而有的音发不准或有口吃、颤音等现象。

（六）个性特点

个性是指人在各种心理过程中，经常地、稳定地表现出来的心理特点。盲童的个性特点与其生理缺陷密切相关，如由于行动不便，盲童与外界、与他人交往少，导致一些盲童性格内向，不易与别人融洽相处。研究显示，这一点随年龄的增大而有更加明显的趋势。另外，多数盲童有自卑心理，生活态度消极。尤其在小学高年级，由于临近青春期，他们对个人生活出路，甚至婚姻等问题开始有思考意识，加之彼此互相影响，很容易对前途失去信心，有些人甚至经不起挫折而自杀身亡。盲童对自己的缺陷很敏感也是其个性特点之一，他们很在意别人对自己的评价、看法，有时表现孤傲。

第五节　肢体残疾儿童

一、肢体残疾的含义

肢体残疾又称为肢体缺陷，在现实中一般把它们当作含义相同的术语。2006 年第二次全国残疾人抽样调查中的残疾标准规定，肢体残疾是指人体运动系统的结构、功能损伤造成的四肢残缺或四肢、躯干麻痹（瘫痪）、畸形等，导致人体运动功能不同程度的丧失，以及活动或参与局限。

二、肢体残疾的成因

导致肢体残疾的原因是多样的，主要原因有家族遗传、发育畸形、妊娠期疾病、交通事故、外伤、小儿麻痹、结核性感染等。从致残原因来看，属于先天性原因的发育畸形和属于后天性原因的小儿麻痹以及其他致残的比例相对较高，其中以小儿麻痹最多。

三、肢体残疾儿童的特点

肢体残疾儿童由于四肢残缺或四肢、躯干麻痹、畸形，因此他们一般有比较明显的外部特征。研究表明，他们的身体素质比正常人要差，他们的身体机能也比正常人要差。一般情况下，肢体残疾儿童的心理没有特殊之处，但是，有一些人，如中枢神经损伤的患者可能有听力、视觉、认知、言语等方面的障碍。同时，肢体残疾可能给他们带来自卑。

第六节　言语残疾儿童

一、言语残疾的含义

言语残疾又称为语言发展异常、语言障碍、言语障碍、语言残疾、语言缺陷等。我国 1987 年残疾人抽样调查时采用语言残疾的名称，并定义为语言残疾是指由于各种原因导致的不能说话或语言障碍，从而难同一般人进行正常的语言交流活动。我国 2006 年颁布的《第二次全国残疾人抽样调查残疾标准》对言语残疾的定义是，言语残疾是指由于各种原因导致的不同程度的言语障碍，经治疗一年以上不愈或病程超过两年，而不能或难以进行正常的言语交流活动，以致影响其日常生活和社会参与（3 岁以下不定残疾）。对言语残疾的含义，不同的人有不同的观点。有人认为言语残疾是指因人们使用的语种不同，使互相之间的交流发生困难；也有人认为言语残疾是指人在听、说、读、写或做手势诸方面的任何一种系统性的缺陷，这种缺陷妨碍了他们与同类的交流。有的人将言语残疾限定在因口语能力的缺失而导致的口语交际障碍上；另一些人则认为言语残疾不仅指口语交际障碍，而将书面语、手势语等运用障碍也包括在言语残疾范围之内。

二、言语残疾的原因

语言的理解与表达涉及许多高度复杂的语言信息处理历程，因此导致言语残疾的原因也十分复杂。有人指出神经因素（如神经肌肉控制与整合）、身体结构与生理因素、环境因素以及儿童成长过程中所遭遇的虐待等是导致言语残疾的原因。如果从语言信息"接收—表达"处理过程的观点来看，言语残疾的成因可能是在认知处理过程中出现问题，如语言信息注意及选取能力的困难、听觉刺激或语音分辨的问题、语言信息在工作记忆中立即处理的问题、语言信息分类意义及连接储存的问题、语言信息搜寻提取的问题等。也有人认为引起言语残疾的因素包括认知缺陷或智力落后、听力损伤、行为障碍、言语机制的结构异常和环境剥夺等。

三、言语残疾儿童的特点

下面从交际者言语行为的角度分别谈谈发音障碍、流畅性障碍、声音障碍以及语言障碍四类言语残疾的特点。

（一）发音障碍

发音障碍又称为构音障碍，是指在发音过程中因发音器官运动障碍而导致的发音失准，以致影响交流的正常进行。发音障碍是学前特殊儿童较常见的言语残疾现象，是儿童在学习语言过程中出现的违背语音发展规律的异常现象，发音时有明显的不符合本阶段水平的错误。根据儿童发音障碍的临床表现，通常又将发音障碍分为替代、歪曲、省略和增音四类。替代是指言语过程中用一个音去替代另一个音。使用替代音的人，往往是用会发的音替代不会发的音，或用易发的音替代不易发的音。歪曲是指在言语过程中将某个音段发成了在本语言系统中不存在的一个音段。歪曲音的出现多与儿童发音器官本身的缺损或大脑某些部位的损伤有关，当然也与音段搭配难易程度或儿童的不良语音习得有很大的关系。省略是指在言语过程中丢失了某个或某几个音段，造成音节的不完整或使人误认为是另一个音节。省略往往与某一音段的具体位置有关，同一个音段在不同的位置上可能出现省略，但在另一个位置上就有可能不出现省略。这既与音段搭配的难易程度有关，也与个体的发音习惯有关。增音与省略相反。增音是指在言语过程中增添了原音节中没有的音段。增音的出现大多与方言影响有关，但也与儿童不良的语音习得有关。

（二）流畅性障碍

流畅性障碍简称"口吃"或"结巴"，它以无意识的声音重复、延长或中断而使说话人当时无法清楚表达他所想表达的内容。流畅性障碍是特殊儿童中常见的语言障碍。言语流畅的程度由以下三个方面的要素构成：一是流畅性，即人们在说话时尽量不重复，不拖长音或迟疑发音，否则便影响言语表达的流畅性；二是言语速度，正常的言语速度为每分钟 200 ～ 300 个音节，如过快或过慢便造成言语速度异常问题；三是言语节奏，人说话时的语音节奏将音节和词组成一定词组，构成一定的停顿，说话时有过短的节奏，或在未完成构词的语音状态下停顿，便成为非正常现象。有流畅性障碍的儿童，其言语呈现出的话语节律混乱过于突出，在整个话语结构中，有太多的重复、阻塞、延长或节奏不当的停顿，甚至说话者不得不采用非语言的交际手段来替代口语的交流，其结果严重干扰了口语交际的进行。

（三）声音障碍

声音或发声是指由喉头发出声波，通过喉头以上的共鸣腔产生的声音，即嗓音。多数情况下，声音障碍是由于呼吸及喉头调节存在器质性、功能性或神经性异常引起的。声音障碍涉及声音的音质、音调和音量方面的异常。音质方面出现的问题是语音产生困难和共鸣障碍。如有的儿童说话时，听起来就像捏着鼻子讲话，这是由于缺少鼻音共鸣所引起的；在脑瘫儿童中，由于肌肉的协调控制能力差，也常出现此类情况。音调方面的缺陷包括音调过高或过低，音调平平、缺乏变化等。音量方面的缺陷包括音量过大或过小,缺乏变化等。声音上的突出障碍常常会分散听话人的注意力,干扰交往的正常进行。

（四）语言障碍

有人认为语言障碍是指在语言符号、语法规则的理解和运用上出现的异常。也有人认为语言障碍是在言语过程中的语码筛选或转换障碍。这种障碍不同于发音器官、话语节律等表层的障碍，而属于深层的障碍。因而，语言障碍所指的范畴更大，它涉及语码的转换和言语的生成等更深层次的语言运用环节。具体包括：词语理解和使用障碍、语义理解和表达障碍、语法运用和语言运用错误等。

第三章　特殊教育安置的研究

特殊教育安置是指为各类特殊儿童提供特殊教育服务的机构和设施所组成的一个有机系统。本章在阐述特殊教育安置的含义、特殊教育安置的模式和特殊教育安置的争论的基础上，重点探讨了我国隔离教育学校安置、融合教育学校安置和特殊儿童家庭安置。

第一节　特殊教育安置概述

一、特殊教育安置的含义

特殊教育安置又称为特殊儿童教育安置，是指为各类特殊儿童提供特殊教育服务的机构和设施所组成的一个有机系统，它是对特殊儿童实施有效教育并提供特殊服务的制度框架与前提。在特殊教育发展的隔离化时期，特殊儿童主要安置在特殊教育机构中。例如，聋人学校、盲人学校和培智学校等。在特殊教育发展的融合时期，特殊儿童主要安置在普通教育机构里，与普通儿童一起学习和生活。

根据安置场所来界定，特殊儿童主要有两种安置模式，一种是特殊学校安置模式，另一种是普通学校安置模式。按照这两种安置模式分类，在特殊教育发展史上，出现了以俄罗斯为代表的特殊教育学校隔离教育安置模式和以美国为代表的普通学校融合教育安置模式。当然，这两种安置模式的划分是相对的，以特殊教育学校隔离教育安置模式为主的国家里也有融合式的安置模式存在，在普通学校融合教育安置模式为主的国家里也有特殊学校隔离式的教育安置模式。

二、特殊教育安置的模式

（一）隔离安置模式

以俄罗斯为代表的以隔离特殊学校为主的隔离式特殊教育安置分为以下四个层次：学前特殊教育、义务阶段特殊教育、一般中等和职业特殊教育和高等特殊教育。特殊教育服务的机构有教育系统的，也有非教育系统的，即不仅仅是教育部门的特殊学校或幼儿园从事特殊教育，在其他系统或其他机构内也有从事特殊教育的。具有特殊教育功能的非教育系统机构包括：医疗系统中的残疾的预防、治疗和康复机构，各级行政区内的专门的医学教育委员会，普通学校或卫生部门机构内的言语障碍矫治站，幼儿园的言语矫正和普通学校系统中的言语矫正巡回教育，医疗卫生系统的疗养院和森林学校中的半治疗半学习的特殊班，社会保障系统中的半收容抚养半教育的寄宿制儿童之家，残疾人群众团体开办的文化馆、图书馆、技术学校、展览馆，专门的特殊教育研究机构和相关学科研究机构及附属的特殊学校（班）等。当今，俄罗斯教育机构多数隶属于教育部门管辖，少数归社会保障部门、医疗卫生部门领导。各部门分工协作，各有侧重。依照每个残疾儿童的实际情况确定其教育安置形式。

在俄罗斯，把一个特殊儿童安置到什么机构并不重要，真正重要的是这一机构能否为特殊儿童带来有效的训练与教育。从这一点上，不难看出俄罗斯对特殊儿童特殊性和实质性权利的高度重视。另外，隔离的安置形态虽然容易造成特殊儿童与社会生活的隔离，但也并不是必然和难以克服的，通过更多参与社会生活的方式是可以在一定程度上减少这种隔离和脱节的。由于隔离型的特殊教育安置模式具有资源集中的优势，反倒有可能更有效地提高特殊儿童的个体发展水平，从而有助于他们将来更好地适应社会生活。

（二）融合安置模式

以美国特殊儿童"回归主流"为代表的融合教育为主的安置模式，是将特殊儿童主要安置在普通教育学校里。这种融合式的特殊教育安置模式主要有以下三个特点：一是体现在普通教育环境中学习的特殊学生数量多于在特殊教育环境中学习的特殊学生数量；二是将普通教育环境视为对特殊学生限制最少，而特殊教育环境被视为限制最多；三是双向互动，特殊学生可以向高一层或低一层教育安置形式转换。

在以美国回归主流为代表的融合教育安置模式中，具体的特殊教育安置机构有：一是寄宿制教养机构或家庭；二是全日制特殊教育学校，包括寄宿制的和非寄宿制的；三是特殊班，包括全日制的特殊班和部分时间的特殊班；四是资源教室，在我国又译为辅导教室，包括分类的资源教室和不分类的资源教室；五是全日制普通班，特殊学生全部时间都在普通班里进行学习活动。尽管以美国回归主流为代表的融合教育为主的安置模式比较容易出现特殊儿童难以受到适合其身心发展特点教育的问题，但是美国创设出丰富多彩的辅助性特殊教育服务设施，从而使其特殊教育安置在保持开放性和高度弹性的同时，能够把质量保持在相当高的水平上。

由于各国的特殊教育安置模式是在各自的社会价值观、经济发展水平、历史文化传统以及教育法制等多种必然和偶然因素交互作用下的结果，因而在评价时不能简单地评判各种特殊教育安置模式的优劣。

三、特殊教育安置的争论

研究结果表明，特殊教育教师与普通教育教师对残疾儿童教育安置的态度并不存在显著差异，他们对残疾儿童教育安置模式的认同程度比较一致。他们都赞同残疾儿童应该在特殊学校中接受教育，其次是特殊班，对残疾儿童随班就读则持略微消极的态度。

在对特殊学校安置模式的态度上，普通教育教师和特殊教育教师都比较认可特殊学校。他们认为在特殊学校中残疾儿童能够得到更加专业化的康复训练、专业设备和高质量的教育，获得教师更多的关注。特殊教育教师与普通教育教师都不认为残疾儿童在特殊学校中的社会交往与情感发展有消极倾向。特殊教育教师反而认为特殊学校比普通学校更有利于特殊儿童心理健康的发展。

在对随班就读安置模式的态度上，尽管特殊教育教师和普通教育教师都对残疾儿童随班就读持轻微反对态度，但其原因并不完全一致。一方面，特殊教育教师和普通教育教师都认为残疾儿童并不能够在普通学校中学到更多的知识或者提升自信心。他们都认为，普通教师在教育残疾儿童方面缺乏必要的知识与技能，也没有时间和精力来教育残疾儿童。但在对待残疾学生进入普通课堂中对于普通教师是否公平的问题上，特殊教育教师与普通教育教师持不同观点。普通教育教师倾向于认为，在他们教学负担已经很重的情况下让残疾学生进入普通教室中对他们来说是不公平的，而特殊教育教师则并不如此认为。另外，特殊教育教师往往认为残疾儿童在普通学校中会遭受其他同学的歧视与欺负，而普通教育教师对此保持中立态度，表明他们在教育残疾儿童的实践中发生歧视与欺负残疾儿童的现象虽然存在，但并不多见。

在对普通学校特殊班安置模式的态度上，普通教育教师与特殊教育教师对特殊班的态度基本上比较接近。无论是特殊教育教师还是普通教育教师都倾向于认为，与随班就读相比，特殊班更有利于残疾儿童的发展，包括教学环境、康复、关注度等方面。他们都倾向于认为特殊班的教学环境比普通班更适合特殊儿童，也比普通班能够提供更加专业化的教育和康复，并且普通教师认为在特殊班内学生能够得到更多的关注。特殊班与特殊学校相比，普通教育教师与特殊教育教师都认为特殊学校更有利于残疾儿童的学习和心理健康发展。

第二节　我国特殊教育安置

在我国，特殊儿童的教育安置场所主要有隔离教育学校、融合教育学校和特殊儿童家庭等。

一、隔离教育学校安置

隔离教育学校主要是指特殊教育学校。特殊教育学校，是有计划、有组织地对特殊儿童进行系统教育的组织机构，一般是指由政府、企业事业组织、社会团体、其他社会组织及公民个人依法举办的专门对特殊儿童、青少年实施教育的机构。特殊学校教育是使用一般的或经过特别设计的课程、教材、教法和教学组织形式及教学设备，对特殊儿童进行旨在达到一般和特殊培养目标的社会活动。特殊学校教育的目的和任务是最大限度地满足社会的要求和特殊儿童的教育需要，发展他们的潜能，补偿他们的缺陷，使他们增长知识、获得技能、完善人格，参与社会生活，增强社会适应能力，成为对社会有用的人才。

我国的特殊教育学校一般有专门针对视觉障碍、听觉障碍、智力障碍、自闭症等儿童设置的机构，如盲童学校、聋童学校、培智学校、自闭症儿童学校等；也有两类及多类障碍儿童安置在一起的机构，如综合性特殊教育学校或盲聋哑特殊教育学校等，这种安置类型是我国隔离特殊教育特殊儿童安置的传统模式。

我国义务教育阶段的特殊教育学校有两种类型：一种是实行小学和初中分离的六三（小学六年、初中三年）学制或五四（小学五年、初中四年）学制的学校，另一种是九年一贯制的学校。目前，我国大多数特殊教育学校对特殊儿童实行的是九年一贯制的义务教育学校。所谓"九年一贯制"特殊学校，通常是指该校的小学和初中施行一体化的教育，小学毕业后可直升本校初中。九年一贯制学校的年级通常被称为一年级、二年级……至九年级。九年一贯制特殊学校的主要特点是：（1）连贯。在九年义务教育过程中，学生从一年级至九年级，相继完成小学至初中教育，不间断、不选拔。（2）就近入学，取消招生考试。小学毕业直接升入本校初中。（3）实行统一的学校教育、教学管理。与小学和初中分离的义务教育学校相比，九年一贯制学校有自己的优点，如有利于教育的均衡发展，有利于教育教学的改革，有利于缓解小学升初中的压力和转校学习的麻烦。但是九年一贯制的特殊教育学校也有自己的不足之处：一是对学校管理影响大，九年一贯制学校规模大，学校年级跨度大，因此管理难度大；二是学生所处的环境相对固定，具有封闭性，学生适应环境的能力没有得到锻炼。

我国隔离教育安置机构较多。2020年我国教育发展统计公报数据显示，全国共有特殊教育学校2244所，其中盲人学校26所、聋人学校389所、培智学校568所、其他特殊教育学校 1261 所。归纳起来有下面三种类型：

1. 公办与民办安置机构。公办特殊教育学校，一般是指由政府、企事业组织有计划、有组织地举办的专门对残疾儿童、青少年实施教育的机构，投资主体是政府和企事业组织。民办特殊教育学校，是公民或其他民间社会组织有计划、有组织地依法举办的专门针对特殊儿童、青少年实施教育的机构，投资主体是公民或其他民间组织机构。

2. 单一与综合安置机构。单一性特殊教育学校，是指专门为同一障碍类型的特殊儿童所设立的学校。这类学校不仅有受过专业训练的特殊教师及其他相关专业人员，如语言治疗师、物理治疗师、职能治疗师等，而且有不同于一般学校的课程与教学设施，以适应教育对象的特殊需要。单一性特殊教育学校主要有听障儿童学校、视障儿童学校、智障儿童学校和自闭症儿童学校。听障儿童学校是针对听障学生实施教育的学校教育机构。视障儿童学校是针对视障学生实施教育的学校教育机构。智障儿童学校是针对智障学生实施教育的学校教育机构，又称为启智学校、培智学校、开智学校、辅读学校等，是专门针对智障学生实施教育的学校教育机构。自闭症儿童学校是针对自闭症（又称孤独症）学生实施教育的学校教育机构。相比聋校、盲校和培智学校，自闭症儿童学校开办较晚。综合性特殊学校是指在一所学校里招收二类或二类以上障碍儿童，对他们分别实施教育的学校教育机构。

3. 按层次划分的安置机构。一是学前阶段特殊学校。学前教育是教育系统的重要组成部分，是学校教育活动的第一个阶段。学前特殊教育是指专门的学前特殊教育机构对特殊幼儿所实施的教育，即特殊儿童托儿所、幼儿园的教育。二是九年一贯制特殊学校。我国实行九年义务教育制度，对残疾儿童实施义务教育的学校也实行九年一贯制，即小学和初中在一所学校。三是高中阶段特殊学校。我国中等教育分为普通高中教育、中等专业教育、中等职业教育和中等技工教育等。四是残疾人高等教育机构。残疾人高等教育是指对完成基础教育的残疾学生所实施的高级专门性教育，是特殊教育的重要组成部分。

二、融合教育学校安置

（一）普通学校正向安置

1. 普通学校普通班

在普通学校的普通班级随班就读（简称随班就读）是我国特殊教育界的一个专用名词，主要是指在普通学校的普通班中安置 1 ~ 2 名特殊儿童与普通儿童一起学习和活动，教师根据随班就读学生的特殊教育需要给予特别的教学和辅导。随班就读是我国特殊教育的主要办学形式，《关于开展残疾儿童少年随班就读工作的试行办法》（1994）中将随班就读定位为"发展和普及我国残疾儿童少年义务教育的一个主要办学形式"，是对残疾儿童少年进行义务教育的行之有效的途径。该办法还对随班就读的具体实施提出了明确的要求："学校应当安排残疾学生与普通学生一起学习、活动，补偿生理和心理缺陷，使其受到适于自身发展所需要的教育和训练，在德、智、体诸方面得到全面发展。""随班就读残疾学生使用的教材一般与普通学生相同（全盲学生使用盲文教材），轻度智力残疾学生也可以使用培智学校教材。学校可以根据学生的实际情况，对其教学内容做适当调整。"

2020 年《教育部关于加强残疾儿童少年义务教育阶段随班就读工作指导意见》提出"健全就近就便安置制度"，要求"坚持优先原则"，县级教育行政部门要结合区域义务教育普通学校分布和残疾儿童少年随班就读需求情况，加强谋划、合理布局，统筹学校招生计划，确保随班就读学位，同等条件下在招生片区内就近、就便优先安排残疾儿童少年入学。为更好地保障残疾儿童少年随班就读质量，可以选择同一学区内较优质、条件更加完善的普通学校作为定点学校，相对集中接收残疾儿童少年入学。残疾儿童少年的随班就读与西方融合教育具有诸多的共同之处，因此，随班就读又常被认为是融合教育的中国化，或具有中国特色的融合教育。

随班就读不是把特殊儿童简单地放在普通班里，而是要创造条件，为特殊儿童提供适宜的教育，是一种完全融合教育。邓猛（2016）认为根据完全融合教育中是完全由普通教师负责对特殊儿童实施教育，还是由以普通教师为主、其他专业教师或助教为辅，共同对特殊儿童实施教育，可以将完全融合教育分为三种类型：（1）完全由普通教师负责，对特殊儿童实施教育；（2）以普通教师为主，巡回服务人员为辅，对特殊儿童进行教育；（3）以普通教师为主，助教为辅，对特殊儿童进行教育。邓猛认为完全融合教育的支持者们主要有以下观点：（1）将特殊儿童抽出进行教育，对他们使用标签的做法应该取消，因为这种做法是低效的，而且从本质上说是不公平的；（2）所有的儿童都有学习和成功的能力，学校应该为他们的成功提供足够的条件；（3）所有的儿童都应该在邻近学校内的高质量、年龄适合的普通班级里平等地接受教育，学校必须成为适应所有儿童多样学习需要的场所；（4）应该让特殊儿童在具有接纳、归属、社区感的社区中接受教育；（5）在普通教室里，特殊儿童通过教师之间的合作教学、伙伴学习，以及所提供的各种相关服务而获益。随班就读在中国特殊教育体系中起主体作用。随班就读这种融合教育模式类似于完全融合模式。完全融合是指将特殊儿童安置在全日制的普通学校的教室里。完全融合教育者主张实施普通教室这种单一的安置形式，不应该根据儿童的残疾类型和残疾程度来安排他们在普通教室学习的时间，而应该在普通教室里满足所有学生的学习需要，普通教师应该在特殊教育专业人士的支持下承担起教育特殊儿童的主要责任。在完全融合教育者的眼里，融合教育是不需要经过任何验证的，它是一种崇高的伦理追求，他们认为特殊学校、普通学校的特殊班和资源教室等安置形式没有存在的必要。完全融合的安置形式是融合教育发展的主要方向。完全融合教育中普通儿童和特殊儿童接受教育的地点都在普通教室，但是普通教室里正常儿童和普通儿童接受教育的方式还是有区别的。

2. 普通学校特殊班

普通学校特殊班模式，又称为特殊教育班级模式。特殊班级是对特殊学生实施教育的场所，主要附设在普通学校，也有的附设在医疗康复机构或某类特殊学校（如聋校附设盲生班）。特殊班附设在普通学校内，是专门为残疾程度相对较重，特殊教育需要比较突出的学生而设立的。特殊班的人数一般为 10 ～ 15 人，在我国特殊班由 1 ～ 2 名特殊教育专业教师来负责该班的日常运作。教师一般受过特殊教育的专业训练，多采用有针对性的个别化教学。特殊班学生的文化课与正常学生是完全分开的，不过也在某些时间，根据特殊学生的情况与普通学生一起上体育、美术、音乐等课程；而学校的活动，如晨会、运动会、外出游玩等，特殊班的学生与普通学生一起参与。在美国特殊班会根据学生的情况安排不同的师生比组合，多数特殊班配有一名持有州执照的特殊教育专业教师及一名助手。这名助手没有资格进行课堂教学，而是协助特殊教育专业教师维持班级纪律或进行分组辅导。

特殊班级模式和特殊教育学校相比，其优势是：特殊儿童增加了与正常儿童交往的机会，有利于相互学习和促进；教师可更好地贯彻因材施教原则，有针对性地开展差异教学和个别化教学；可以为特殊儿童创造适合他们的最少受限制的学习环境等。根据是否同质可分为同质班和异质班：（1）同质班。班级教学体系中的一种分班形式。把水平和能力相近、个体差异较小的学生编在一个班学，以利于教学的进行和学习质量的提高，如天才儿童班、聋班等，通常称为按程度分班；但这不利于对本班和其他班学生的思想教育，学生易产生自卑、骄傲心理或隔离感。（2）异质班。班级教学体系中不考虑学生程度的一种分班形式。分班时较少考虑个体差异，而多以某些随机因素作为分班的依据。学生或年龄相近，或在一个地区生活，或以报名时间相近为依据。这种班级进行统一教学较为困难。但在某些情况下（如学生较少的偏僻地区），此种编班是必要的。教师常使用分组教学或复式教学的方法。

根据在班时间的长短可分为全日制特殊班和部分时间制特殊班：（1）全日制特殊班，亦称"包班制特殊班"。学生全天或大部分时间单独进行集体授课和活动，由受过特殊教育专门训练的教师负责全部的教育教学工作。课程设置、教材、教学设备、教具学具、班级人数与特殊学校类似。（2）部分时间制特殊班。学生一部分时间单独集体上课和活动，另一部分时间则与普通学生一起上课和活动。语文、数学课程一般由受过特殊教育专业训练的教师讲授，音乐、美术、体育等课程则多与普通学生合班上课。

我国有些地方开展了特殊儿童多元安置的探索，形成了自己的特色。例如，江苏以选择性、适切性为原则，实行全日制特教班、半日制特教班、走班制特教班三种安置方式，提供多元选择，满足残疾儿童个性化发展需求。一是"全日制"特教班。设在残疾儿童人数较多的普通学校，教学对象是普通学校中重度残疾儿童，按照全日制培智学校的课程进行教育教学，并通过组织活动、走入社会等形式开展融合教育。二是"半日制"特教班。设在残疾儿童人数较少的普通学校，教学对象是中度残疾儿童，有两种教学组织形式：上午班、下午班。上午班的学生上午在特教班进行个别辅导，下午回原来班级参加其他活动类课程的学习；下午班的学生上午在普通班级学习，下午进特教班进行个别辅导。这种模式很受残疾儿童家长的欢迎，更能体现融合教育理念。三是"走班制"特教班。设在残疾儿童以随班就读形式为主的普通学校，教学对象是轻度残疾儿童。学校安排一名专职特教教师在资源教室为各类残疾儿童辅导，学生在随班就读的同时根据实际需要轮流进入资源教室接受个别化教育。这种模式让普通儿童和残疾儿童深度融合，并充分体现了个别化教育理念。

3. 普通学校资源教室

普通学校资源教室（以下简称资源教室），这种模式是指将特殊学生安置在普通学校里，大部分时间与普通儿童一起接受普通教育，根据学习需要抽出一部分时间到学校的资源教室接受资源教师的个别辅导。

资源教室是指在普通学校或特殊学校建立的集课程、教材、专业图书以及学具、教具、康复器材和辅助技术于一体的一种专用教室，由受过特殊教育专业训练的资源教师负责，这是广义的资源教师含义。我国 2017 年新修订的《中华人民共和国残疾人教育条例》第 58 条规定，特殊教育资源教室是指在普通学校设置的装备有特殊教育和康复训练设施设备的专用教室，这是相对狭义的资源教室含义，它特指在普通学校中设置，而不包括特殊教育学校中的资源教室。一般来讲，资源教室具有为特殊儿童提供咨询、个案管理、教育心理诊断、个别化教育计划、教学支持、学习辅导、补救教学、康复训练和教育效果评估等多种功能。资源教室可以满足具有显著个别差异儿童的特殊教育需求，为他们在普通学校接受平等的教育提供最适合的环境与条件。特殊儿童与普通儿童大部分时间一起在融合班级接受教育，根据需要腾出一部分时间到资源教室接受资源教师的个别辅导。资源教室模式具有资源教师特定、辅导时间特定、辅导对象特定、辅导内容特定四种特征。作用是：由具有任职资格的资源教师配合被辅导学生所在班的任课教师，在课表规定时间或课后指定的时间内，对理解、掌握某方面学习内容有困难的特殊学生进行个别或小组帮助指导，使其逐步克服困难，跟上一般的教学进度。

资源教室的核心在于"资源"功能的发挥：一是物质资源，资源教室配置充足的教学设备、教材、教具以及图书资料、评估工具等，以供学校师生使用；二是教学资源，资源教室的教师要负责所有特殊学生的部分时间的单独教学或训练，并配合普通教师共同开展教学活动，提高教学效果；三是咨询、培训和支持的资源，资源教室 / 资源中心的教师，要为普通教师和家长提供咨询和支持，帮助普通教师进行专业发展，对特殊教育教师进行在职培训。

资源教室与其他场所相比有自己的特点：（1）它是一种暂时性的支援教学，要根据学生的个别需要及时调整；（2）强调个别化教学，教师要制订个别化教学计划，开展个别化教学；（3）能预防特殊学生的问题向更严重的方向发展；（4）能整合各方面的资源，为特殊学生提供更好的服务；（5）可降低隔离与残疾标签给特殊学生和家长带来的不良影响。

4. 普特结合

在普通学校和特殊学校之间还存在一种"普特结合"的安置形式。"普特结合"模式，是"普通学校为主＋特殊学校为辅"安置模式的简称，是指特殊学生根据需要在普通学校与特殊学校两地灵活接受教育，但大多数时间在普通学校学习，少部分时间在特殊学校接受特殊教育服务的一种模式。在普通学校开办附属特殊教育学校，也可以看作普特结合的一种方式。在"普特结合"这种模式里，特殊学生的安置是可以根据特殊学生的实际情况和需要灵活调整的。在特殊学校康复训练取得较好效果后，特殊学生可以转入普通学校的普通班级就读。如果特殊学生在普通学校的普通班级不能适应，还可以转回到特殊学校特殊班学习。因此，特殊学生可以拥有普通学校和特殊学校双重学籍，根据需要在两地灵活转换。

"普特结合"模式类似于"教育配对"模式。教育配对模式主要流行于丹麦。自1969 年丹麦政府致力于普通教育与特殊教育制度的统合，其教育部下属的特殊教育司为了减少特殊学校与特殊班的隔离安置，发展出一种教育配对计划，即在建筑设备上特殊班与普通班一一配对。普通学校教师与特殊学校教师共同负责来教育彼此的学生，而在某些时间，特殊学生与普通学生在适当的课程一起上课。这主要有以下两种做法：一是学校在教室的安排上以一个正常班级和一个特殊班级相配对，正常班级教室和特殊班级教室共同负责彼此学生的教育。例如，特殊班级的某些课程，如语文、数学可能单独上课，而另外一些课程（主要是非学术课程）则可能与正常班级合班上课。美国、加拿大等国部分时间制正常班加部分时间制特殊班的安置方式也属于这一类型。二是将普通学校和特殊学校相配对，两校之间的人员、设备和学生可以相互交流、相互帮助。在美国出现的团队教学模式也可归为教育配对模式，该模式要求普通教育教师和特殊教育教师在教室中共同工作以完成全部教学。其体现的是普通教育教师与特殊教育教师的配对。

（二）特殊学校反向安置

特殊教育学校反向安置是将普通儿童融入特殊教育学校与特殊儿童一起在特殊班接受教育的一种模式。具体模式有特殊学校特殊班、特殊学校普通班、特殊学校附属普通学校（特普融合）等。

1. 特殊学校特殊班——反向完全融合

特殊学校特殊班模式是将普通儿童融入特殊学校特殊班与特殊儿童一起接受教育的反向融合模式（简称反向融合）。反向融合（reverse inclusion）是指在特殊教育教室里将普通学生融入特殊班级的过程，与正向融合教育的做法相反。在低的年级如幼儿园，正常的普通学生可能大部分时间待在普通教室里。而在高年级，普通学生则在短时间内加入特教班级教室，利用一段时间和特殊学生进行交流、互动。反向融合旨在创设一种不同寻常的融合教育环境。人们通常理解的融合是让少量特殊儿童进入普通学校或在以正常儿童为主的班级中学习，而反向融合则是安排少量正常儿童进入以特殊儿童为主的班级学习。在实施反向融合的环境中，班级的主体是特殊儿童，由此决定了教室的物质环境，师生总体的思想观点、情感态度和行为方式都可能具有不同于普通学校班级的特点。当正常儿童进入这样的班级进行学习，就必然要主动学习和适应这样的班级氛围或文化，因此反向融合策略强调正常儿童对特殊儿童的主动融合和适应，由此推进特殊儿童融入主流社会的速度和水平。

2. 特殊学校普通班

普通学校特殊班模式，是把特殊儿童安置在普通教育机构和普通儿童一起接受教育，并提供最适合其需要的支持和帮助。而"特殊学校普通班"模式，则是在特殊教育学校设立普通班招收普通儿童，并安置具备条件的特殊儿童就读的一种融合教育模式。特殊学校普通班级模式在我国虽然还没有普及，尚处在部分特殊教育的试点阶段，但从试点的特殊教育学校来看，特殊学校普通班级的融合教育模式效果还是比较好的。例如，徐州市特殊教育学校是江苏省最早尝试在特殊教育学校内开展听障儿童与普通儿童融合教育的学校。该校在学前和小学阶段开设普通班，招收普通儿童，尝试实践"聋健合一"的安置模式，让听障儿童与普通儿童在同样的环境中接受合适的教育，取得了明显的办学成效。

3. 特殊学校资源中心

（1）资源中心的含义

资源中心，称为特殊教育资源中心，有些地方又称为融合教育资源中心。资源中心可看作资源教室的一种拓展。只不过资源教室是设在普通学校，为一所学校服务，而资源中心既可以设置在特殊学校，也可以设置在普通学校、高等师范院校、教育主管部门等。资源中心跨校为所辖区域内不同学校提供服务。资源中心可以促进学校和教师加速向融合教育的方向转变，可以提供资源和专家支持，使得集中的、多学科的干预成为可能。资源中心就是依托普通学校或特殊学校或高等特殊教育机构或教育主管部门而建设的、具有实施特殊教育的专业能力、为有特殊教育需求的儿童少年及其家长提供个别化教育与康复服务的机构，旨在将有特殊教育需求的儿童少年最大限度地融入普通教育。资源中心是普通学校实施特殊教育的有效载体。

（2）资源中心的职责

与资源教室模式一样，资源中心不仅直接负责特殊儿童的教学，还为普通教师和家长提供咨询、支持和资源。《中华人民共和国残疾人教育条例》规定，县级以上地方人民政府教育行政部门应当在一定区域内提供特殊教育指导和支持服务。特殊教育资源中心可以受教育行政部门的委托承担以下工作：指导、评价区域内的随班就读工作；为区域内承担随班就读教育教学任务的教师提供培训；派出教师和相关专业服务人员支持随班就读，为接受送教上门和远程教育的残疾儿童、少年提供辅导和支持；为残疾学生父母或者其他监护人提供咨询；其他特殊教育相关工作。

（3）资源中心资源

与资源教室一样，资源中心的核心也在于资源中心里面的资源功能的发挥，特别是资源教师作用的发挥。资源中心的资源有物质资源和教学资源。关于物质资源：资源中心配置充足的教学设备、教材、教具以及图书资料、评估工具等，以便学校师生使用；关于教学资源：资源中心的教师要负责所有特殊学生的部分时间的单独教学或训练，并配合普通教师共同开展教学活动，提高教学效果。

资源中心的教师要为普通教师和家长提供咨询和支持，帮助普通教师进行专业发展，对特殊教育教师进行在职培训。资源中心配备专职资源教师。以江苏省为例，江苏省资源中心资源教师配备的标准是：幼儿园每3名特殊教育需求幼儿配备1名专职特教教师，义务教育阶段学校每5名特需学生配备1名专职特教教师，并加强康复医生、康复治疗师、康复训练人员及其他专业技术人员的配备。特殊教育指导中心按照每人指导3~5个融合教育资源中心的标准，分学段组建融合教育巡回指导团队。融合教育资源中心应建立由分管校长（园长）、教导主任（业务园长）、总务主任（后勤园长）、年级组长、特教教师、康复治疗师、心理健康教师、班主任、任课教师、家长、社工、志愿者等组成的融合教育教学与管理团队。部分家长对于孩子的特殊状况有着科学的认知和丰富的经验，也有部分家长自发组织公益性团体且具备较为专业的特殊教育和康复实施能力，融合教育资源中心应积极有效地利用家长和社会资源，增强融合教育师资团队的力量。

（4）资源中心场所

2017年修订的《中华人民共和国残疾人教育条例》第26条规定："县级以上地方人民政府教育行政部门应当统筹安排支持特殊教育学校建立特殊教育资源中心。"我国《第二期特殊教育提升计划（2017—2020年）》提出："支持特殊教育学校建立特殊教育资源中心，提供特殊教育指导和支持服务。没有特殊教育学校的区县，依托有条件的普通学校，整合相关方面的资源建立特殊教育资源中心。"资源中心除了建立在特殊教育学校外，还可以建立在有条件的普通学校，或者地方教育主管部门依托高等特殊教育学院设置和管理，或者地方教育主管部门和高等学校共同建设等。目前，我国的资源中心建设有以下四种模式：

一是设在特殊教育学校。例如，2017年1月，厦门市特殊教育资源中心正式成立，设立于厦门市特殊教育学校。中心承担着特殊教育行政决策参考、融合教育推进、特殊教育研究指导、特殊教育社会服务以及残疾人职业教育五大职能，在加快厦门市特殊教育快速发展、保障残疾人受教育权利等方面发挥了积极作用。

二是设在普通教育学校。我国《第二期特殊教育提升计划》提出："没有特殊教育学校的区县，依托有条件的普通学校，整合相关方面的资源建立特殊教育资源中心。"《"十四五"特殊教育发展提升行动计划》提出"加强普通教育和特殊教育融合"，探索适应残疾儿童和普通儿童共同成长的融合教育模式，推动特殊教育学校和普通学校结对帮扶共建、集团化融合办学，创设融合教育环境，推动残疾儿童和普通儿童融合。鼓励依托设在乡镇（街道）的小学和初中因地制宜建设特殊教育资源中心，逐步实现各级特殊教育资源中心全覆盖。

三是地方教育主管部门与高校共同建设。例如，2010 年成立的上海市特殊教育资源中心，由上海市教委和华东师范大学共同建设，是一家跨学科、多功能的特殊教育咨询、研究与服务的专业机构。该中心拥有医学、心理学、教育学等多个领域的专家，具有信息收集与资源管理、决策咨询与研究指导、测量评估与社会服务三大基本职能。资源中心是政府有关特殊教育决策的智囊团、特教教师的专业指导中心、特殊儿童及其家长的救助咨询站。

四是由省教育厅批准，依托高校设置和管理。例如，2016 年成立的云南省特殊教育资源中心是经省教育厅批准，依托昆明学院学前教育与特殊教育学院管理，面向云南省 16 个州市区域内特殊教育机构、师生和家长提供特殊教育专业化服务的教育机构，是集管理、咨询、研究、评估、指导、服务于一体，以"整合资源、搭建平台、提供支持、服务社会"为宗旨的特殊教育专业化服务平台。中心内设办公室、信息资源部、教育康复服务部和师资培训部，负责人及工作人员由昆明学院统筹安排。为加强中心的领导和管理，专门成立了云南省特殊教育资源中心建设领导小组，负责统筹指导全省特殊教育资源中心建设工作。中心设主任 1 名，由省教育厅基础教育处负责人兼任，常务副主任 1 名，由昆明学院学前教育与特殊教育学院院长兼任。中心主要开展以下几个方面的工作：负责全省特殊教育学校、随班就读残疾儿童少年的信息收集统计，为全省特殊教育决策管理提供基本信息；负责全省特殊教育资源中心、医教结合、随班就读、资源教室等工作的管理、指导与考核，负责全省特殊教育教师的培训、业务指导工作；承担全省特殊教育资源库、特殊教育资源检索和服务平台建设，为州（市）、县级特殊教育资源中心、特殊教育学校、康复机构和教师、特殊儿童与家长提供专业支持；指导全省开展残疾儿童少年的筛查、评估、教育和康复训练工作，为残疾儿童入学安置和拟定个别化教育康复方案提供建议；开展特殊教育研究工作。组织编撰全省特殊教育年度发展报告，组织开展特殊教育研究，为全省特殊教育发展提供决策建议；协助省教育厅做好特殊教育管理与服务工作，参与制定特殊制度、政策，提供咨询报告和建议。

（5）资源中心的特点

资源中心是在特殊学校或普通学校等机构专门设置的特殊教育辅导机构，配备有特殊儿童所需要的各种辅助设备、教材、教具、训练器材等，由受过特殊教育专业训练的资源教师负责。资源中心里的特殊学生大部分时间与普通儿童一起接受普通教育，但也根据学习需要抽出一部分时间到资源教室或资源中心接受个别辅导。特殊学生不脱离正常的普通班级教学环境，与正常儿童一起接受教育，发展其社会适应能力，又能获得必要的、专业化的特殊教育与服务，使自己的潜能得到最大限度地开发。资源中心的特点是：它是一种暂时性的支援教学，要根据学生的个别需要及时调整；强调个别化教学，教师要制订个别化教学计划，开展个别化教学；能预防特殊学生的问题向更严重的方向发展；能整合各方面的资源，为特殊学生提供更好的服务；可以降低隔离与残疾标签给特殊学生和家长带来的不良影响。

4. 特普融合

"特普融合"模式是"特殊学校为主＋普通学校为辅"模式的简称，是指特殊学生根据实际情况和特殊需要，以特殊学校为主、普通学校为辅，在两地灵活地接受教育的一种安置模式。有些地方的特殊教育学校采取建立附属普通学校（或幼儿园）的方式来对残疾儿童进行反向融合教育，如福建省泉州市特殊教育学校 2020 年成立了附属泉州市培蕾实验幼儿园。"特普融合"模式，特殊学生大多数时间在特殊学校学习，有需要时抽出部分时间到普通学校与普通儿童一起学习及活动，类似于"普通学校＋特殊班"的形式。但"特普融合"模式的融合程度比"普通学校＋特殊班"形式偏低，毕竟"普通学校＋特殊班"这种形式，特殊学生接受教育的地点还是完全在普通学校。"特普融合"模式与"普特主辅"模式一样，特殊学生的安置是可以根据特殊学生的需要灵活调整的：在特殊学校康复训练取得较好效果后，特殊学生可以转入普通学校的普通班级就读；如果特殊学生在普通学校的普通班级不能适应时，还可以转回特殊学校学习。因此，特殊学生可以拥有普通学校和特殊学校双重学籍，根据需要在两地灵活转换。

我国有些地方在推行融合教育的实践中，出现不少特殊教育学校（内设资源中心）与普通教育学校合作的融合教育模式。例如，厦门市特殊教育学校与普通学校为推进融合，双方责任共担、资源共享、相互支撑的模式，就是一种"特普融合"的教育合作模式。厦门市根据国家和省"普校主体、普特融合"的特殊教育原则，普通学校开展融合教育已成为当地特殊教育发展的重点，承担资源中心职责的特殊教育学校为普通学校提供专业支持，促进普通学校融合教育主体作用的发挥，全面推进区域内的随班就读工作的开展。在学前教育阶段，厦门市特殊教育学校资源中心长期与厦门市第三幼儿园进行融合共建工作。由特殊学校资源中心资源教师提供专业指导，对厦门市第三幼儿园一名随班就读个案进行随堂观察，由资源中心资源教师对个案定期进行个别化教育，同时对个案家长和幼儿园教师进行指导。通过这种模式积累经验，推进随班就读工作的开展，以此支持特殊儿童在幼儿园接受适合的教育。在义务教育阶段，特殊学校资源中心与厦门五缘实验学校建立全面融合共建关系，前期由特殊教育专业教师向学生和家长宣讲特殊教育知识，使其树立融合教育理念，为后期融合教育活动的开展打下基础；中期由资源中心资源教师进入五缘实验学校担任影子教师，对3名随班就读学生进行个别化教育，为学生家长和教师提供特殊教育指导；后期由特殊学校资源中心组织特殊学校学生与五缘实验学校的学生开展融合教育活动，活动形式包括每月一次的"进特校""进普校"以及旱地冰球融合夏令营活动等，为普通学校和特殊学校的师生开拓交流空间，增强学生的相互认知，提升社会的包容度和接纳度，促进普通学校与特殊学生的融合。

三、特殊儿童家庭安置

2017年新修订的《中华人民共和国残疾人教育条例》规定，适龄残疾儿童、少年需由专人护理，不能到学校就读的，由县级人民政府教育行政部门统筹安排通过提供送教上门或远程教育等方式实施义务教育，并纳入学籍管理。因此，特殊儿童家庭就成了特殊儿童接受送教上门教育或远程教育的场所了。目前基本形成了以普通学校随班就读为主体，以特殊教育学校为骨干，以家庭送教上门教育和远程教育为补充的特殊教育安置体系。

送教上门教育或远程教育是由接受过专业训练的教师、特殊儿童的父母或监护人来承担主要教育任务的一种教育模式。实行这一教育模式之前，要对特殊儿童的父母进行必要的基本训练，使他们掌握一些基本的特殊教育知识和训练技能。这种模式以家长教育儿童为主，专业人员可以定期到各个家庭中指导家长，以解决家长在教育过程中遇到的问题。例如，一些地方采用"送教上门"的教育方式，对程度严重、上学不便的特殊儿童提供教育服务。为保障这部分儿童的教育权利，满足其独特的教育需求，可由学区特殊教育指导中心或特殊学校与家长共同约定，在每周的固定时间派专业教师为这些儿童实施个别化的教育。学生的学籍在特殊教育学校或普通学校，每周固定时间，由相关学校派教师送教上门，并根据学生的情况辅以必要的康复训练。

特殊儿童在家接受送教上门教育或远程特殊教育是21世纪一种新型的特殊教育安置形式。新修订的《中华人民共和国残疾人教育条例》颁布前，这种教育安置形式仅在我国部分地区开展试点。例如，为了保障重度残疾儿童的受教育权益，2010年福建省发布《福建省重度残疾儿童"送教上门"试点工作方案》，提出了送教上门的指导思想、服务对象、服务原则及实施要求：（1）指导思想。深入贯彻科学发展观，坚持"以人为本"的理念，落实《中共福建省委福建省人民政府关于促进残疾人事业发展的意见》（2009）文件精神，积极探索重度适龄残疾儿童少年居家教育工作经验，逐步完善残疾儿童少年教育保障体系，进一步推进残疾人教育事业的发展。（2）服务对象。"送教上门"服务的对象为不能到学校接受教育，但基本具有接受教育能力的 6～15 周岁重度残疾儿童少年。（3）服务原则。"送教上门"服务遵循家庭自愿、定期入户、免费教育的原则，注重发展残疾儿童少年的教育潜能，提高认知能力和适应生活、适应社会能力。（4）实施要求。高度重视，加强领导；调查摸底，确定试点；提供保障，确保落实；加强管理，提高效益；加强管理和指导，保证"送教上门"的服务时间，注重教育内容和方法的针对性，多形式地开展"送教上门"服务；积极宣传，营造氛围；总结经验，抓好典型。

为贯彻落实好《中华人民共和国残疾人教育条例》"适龄残疾儿童少年需要专人护理，不能到学校就读的，由县级教育行政部门统筹安排通过提供送教上门或远程教育等方式实施义务教育，并纳入学籍管理"的规定，2021 年，福建省南安市建立了特殊教育云端学校，开启了线上教学。该学校依托广电网络云平台，构建了一个既可远程教学，又可上门进行康复辅导；既可康乐疗养，又可提供义工服务；既可量化考评，又可做出有效评估的综合特教送教服务平台，出门不便的适龄重度残疾儿童少年在家便可学习网课、享受康复训练。特殊教育云端学校是南安市送教上门一项重要创新性举措，首批 199 名学生均已免费安装电视学习系统，其中采取线上互动教学的学生有 39 名，线下送康服务的学生有 160 名，专业服务团队 12 人，包含康复师、特教老师、心理师、社工师、医师、护理员和专职驾驶员。特殊教育云端学校有效增加了学生的学习时效及乐趣，弥补了专业教师的不足，使适龄重度残疾儿童少年得到全覆盖、个别化、精准化的专业服务，从根本上解决了传统送教教学效果差、监管难、学生受益少的难点问题，真正让每位残障孩子及家庭受益。特殊教育云端学校要求所有服务人员均持有从业资质，并且为学生建立一人一案的成长历程，做到服务人员、服务内容、评价体系、监督考评规范化。

第四章　特殊教育的课程与教学研究

第一节　培智学校的课程与教学

一、培智学校课程

根据基础教育课程改革和特殊教育事业发展的需要，2007 年我国修订了《全日制弱智学校（班）课程计划（征求意见稿）》，并更名为《培智学校义务教育课程设置实验方案》。要求各培智学校根据新课程设置实验方案，改进教育教学工作。从《培智学校义务教育课程设置实验方案》来看，我国培智学校设置的课程有一般性课程和选择性课程。

（一）培智学校课程目标

2007 年《培智学校义务教育课程设置实验方案》规定培智学校的培养目标是：全面贯彻党的教育方针，体现社会文明进步要求，使智力残疾学生具有初步的爱国主义、集体主义精神；具有初步的社会公德意识和法治观念；具有乐观向上的生活态度；具有基本的文化科学知识和适应生活、社会以及自我服务的技能；养成健康的行为习惯和生活方式，成为适应社会发展的公民。

（二）培智学校课程设置原则

1. 一般性与选择性相结合

在课程设置方案中，尊重智力残疾学生的教育需求，通过一般性课程来满足其生理、心理和社会发展的需求，最大限度地开发他们的潜能；同时，通过选择性课程来满足学生的个别化需求，促进他们多方面发展。

2. 分科课程与综合课程相结合

在课程组织形式上，分为分科课程和综合课程，力求既遵循学生身心发展的基本规律和认识理解事物的普遍特点，较全面地满足学生的一般性需求；又促进学生对知识的整体理解和运用知识解决实际问题的能力。鼓励学生学以致用，把所学知识运用到解决实际生活问题的实践中。

3. 生活适应与潜能开发相结合

在课程功能上，强调学生积极生活态度的养成，注重对学生生活自理能力和社会适应能力的培养与训练，关注学生潜能的开发，培养学生的个人才能。

4. 教育与康复相结合

在课程特色上，针对学生智力残疾的成因，以及运动技能障碍、精细动作能力缺陷、言语和语言障碍、注意力缺陷和情绪障碍，课程注意吸收现代医学和康复技术的新成果，融入物理治疗、言语治疗、心理咨询和辅导、职业康复和社会康复等相关专业的知识，促进学生的健康发展。

5. 传承借鉴与发展创新相结合

在课程开发上，继承我国特殊教育取得的成功经验，借鉴国内外特殊教育和普通教育的先进理论和成功实践，结合智力残疾学生教育教学实际，通过探索、总结、发展和创造，不断调整、修改和完善课程，使课程更适合智力残疾学生的需要和发展。

6. 规定性与自主性相结合

在课程实施中，各地在使用国家课程方案时，可根据当地的社会、文化、经济背景，社区生活环境以及学生在这些环境中的特殊需求，开发校本课程，体现课程的多样性。

（三）培智学校课程设置

1. 一般性课程

一般性课程为必修课，占课程比例的70%～80%。一般性课程有生活语文、生活数学、生活适应、劳动技能、唱游与律动、绘画与手工和运动与保健。

（1）生活语文

着眼于学生的生活需要，以生活为核心组织课程内容，使学生掌握与其生活紧密相关的语文基础知识和技能，具有初步的听、说、读、写能力；针对智力残疾学生的语言特点，加强听说能力的训练，把传授知识与补偿缺陷有机结合，使学生具有基本的生活和社会交往能力，形成良好的公民素质和文明的行为习惯，为其自理生活和适应社会打下基础。

（2）生活数学

以帮助学生形成和掌握与生活相关的简单的数的概念、数的运算、时空认识以及数的运用，学习运用简单的运算工具等为课程内容。培养学生具有初步的计算技能、初步的思维能力和应用数学解决日常生活中一些简单问题的能力。

（3）生活适应

以提高学生的生活能力为目的，以学生当前及未来生活中的各种生活常识、技能、经验为课程内容。培养学生具有生活自理能力、简单家务劳动能力、自我保护能力和社会适应能力，使之尽可能成为一个独立的社会公民。

（4）劳动技能

以培养学生简单的劳动技能为主，对学生进行职前劳动的知识和技能教育。通过劳动技能的训练，使学生掌握一定的劳动知识与技能，养成良好的劳动习惯，具备一定的社会适应和职业适应能力。

（5）唱游与律动

课程将音乐律动与舞蹈、游戏相结合。通过音乐教学、音乐游戏和律动训练培养和发展学生的听觉、节奏感和音乐感受能力，补偿学生的认知缺陷，提高学生的动作协调能力，促进学生的身心和谐发展。

（6）绘画与手工

通过绘画和手工技能的教学和训练，培养和发展学生的视觉、观察、绘画、手工制作能力，发展学生的审美情趣，提高其审美能力。

（7）运动与保健

以提高学生的运动能力，增强学生的身体素质为主。通过体育运动，提高学生的大肌肉群活动能力、反应能力和协调平衡能力，刺激大脑机能的发展。提高安全意识和运动中的自我保护能力。学习基础的卫生保健、维护健康、防治疾病的知识和方法，培养积极锻炼身体的习惯和良好的卫生习惯，促进学生的健康成长。

2. 选择性课程

选择性课程是学校根据当地的区域环境、学校特点、学生的潜能开发需要而设计的可供学生选择的课程，占课程比例的 20% ~ 30%。选择性课程有信息技术、康复训练、第二语言、艺术休闲和校本课程，课时可弹性安排。

（1）信息技术

以学习简单的通信工具运用、计算机操作、互联网络运用，以及其他现代信息技术应用为主。帮助学生运用信息技术更好地适应生活和社会发展，提高生活质量。一般在高年级设置。

（2）康复训练

根据学生生理和心理的发展需求，以及在运动、感知、言语、思维和个性等方面的主要缺陷，结合学生个别化教育计划的制订，有针对性地进行各种康复训练、治疗、咨询和辅导。课程力求使学生的身心缺陷得到一定程度的康复，受损器官和组织的功能得到一定程度的恢复，身体素质和健康水平得到提高。

（3）第二语言

在学生已有语言的基础上，根据当地的特点和学生的具体情况可选择学习第二语言，如地方语言、民族语言、普通话以及简单的外语等；对不能使用语言的学生也可以采用其他非语言的沟通方式或沟通辅具。

（4）艺术休闲

通过程度适宜的音乐、舞蹈、美术、工艺等多种艺术活动，使学生尝试学会感受美和表现美，丰富、愉悦学生的精神生活；学习若干种简单的休闲方式，陶冶学生的生活情趣，提升学生的生活品位，提高学生的生活质量。

（5）校本课程

学校根据地域特征、社会环境、经济文化发展的特点，以及学生的实际生活需要，设置和开发的具有本校特点的课程。课程的开设应当充分利用和挖掘学校与地方的课程资源。

（四）培智学校课程标准

教育部 2016 年颁布了《培智学校义务教育课程标准（2016 年版）》，具体包括生活语文、生活数学、生活适应、劳动技能、唱游与律动、绘画与手工、运动与保健、信息技术、康复训练、艺术休闲十门课程的课程标准。课程标准一般由前言、课程目标、课程内容、课程实施建议四部分组成。其中，课程标准的前言包括课程性质、课程基本理念和课程设计思路，课程内容一般分年段来编写，包括三个学段，即第一学段（1～3年级）、第二学段（4～6年级）和第三学段（7～9年级），课程实施建议包括教材编写建议、教学建议、评价建议和课程资源的开发与建设建议。下面以 2016 年颁布的《培智学校义务教育生活适应课程标准》为例来阐述培智学校义务教育的课程标准情况。

培智学校生活适应课程是一门帮助培智学校学生学会生活、融入社会的一般性课程。本课程应遵循学生的认知发展规律，旨在培养学生生活自理、从事简单家务劳动、自我保护和适应社会的能力；帮助学生养成健康的生活方式；形成热爱祖国，热爱人民，热爱中国共产党的情感和态度；培育和践行社会主义核心价值观，使之尽可能地成为合格、独立的社会公民。

1. 生活适应课程的性质

生活适应课程是在培智学校开设的一门立足于学生当前及未来生活需求，以学生生活适应能力的培养为目的的一般性课程。生活适应课程有以下三个特性：

（1）生活性

本课程以学生的生活为核心，以学生生活中的需要和问题为出发点，遵循学生生活的逻辑及其身心发展特点，围绕学生的个人生活、家庭生活、学校生活与社会生活构建课程体系。

（2）实践性

本课程强调学生的实践与操作，注重学生在体验、操作、探究和解决问题的过程中获得直接经验，提高学生解决生活实际问题的能力。

（3）开放性

本课程重视教学内容、教学时空的开放性；根据社会生活的发展变化和学生身心发展的需要，有选择地吸纳鲜活的社会生活事件；教学空间从课堂向家庭和社区扩展，提高学生适应生活、适应社会的能力。

2.生活适应课程的基本理念

（1）培养学生的生活适应能力，提高学生的生活质量

本课程始终把培养和提高学生的生活适应能力作为出发点和归宿，围绕学生当前和未来生活的需求构建课程体系，着重发展学生生活自理、从事简单家务劳动、自我保护和适应社会的能力，提高其生活质量。

（2）关注学生生活实际，帮助学生融入社会

本课程立足于学生的生活实际，将个人生活、家庭生活、学校生活、社区生活等内容进行有机整合，帮助学生认识自我，处理好与他人、社会的关系，提高学生解决生活实际问题的能力，促进其融入社会。

（3）尊重学生个体差异，促进学生个性发展

本课程尊重学生的个体差异，依据其身心发展的特点和生活实际，设置合适的教学目标，采用不同的教学方法，因材施教，满足其个别化教育的需求，最大限度地开发其潜能，促进其个性发展。

3.生活适应课程的设计思路

生活适应课程按九年义务教育进行整体设计，以学生生活为基础，围绕个人、家庭、学校、社区、国家与世界等不断扩展的生活领域，着力提升学生生活自理、从事简单家务劳动、自我保护和适应社会的能力，按照低（1～3年级）、中（4～6年级）、高（7～9年级）三个年级段，遵循螺旋式上升原则，科学地编排课程内容。学生生活自理、简单家务劳动、自我保护和适应社会能力的培养有机贯穿于各年级段、各生活领域。低年级段侧重于培养最基本的生活自理能力，关注学生的个人生活；中年级段立足家庭、学校、社区，侧重于培养学生从事简单家务劳动的能力、形成自我保护意识，引导学生自主发展；高年级段渗透对社会、国家和世界的认识，侧重于发展自我保护和适应社会的能力，培养积极乐观的生活态度，使学生安全、健康地生活。

4.生活适应课程的目标

（1）总目标

生活适应课程旨在帮助学生了解基本的生活常识，掌握必备的适应性技能，养成良好的行为习惯，形成基本的生活适应能力及良好的品德，成为适应社会生活的公民。

（2）分段目标

①低段（1～3年级）

个人生活：具有基本的个人生活所需的自理能力，初步形成良好的饮食、卫生习惯；会表达自己的身体感受；熟悉自己的生活环境，能观察身边的事物，具有好奇心。

家庭生活：知道家庭主要成员，了解亲友关系，听从父母和长辈教育；了解家庭的居住环境，具有初步的环境维护和安全意识；建立初步的健康消费意识。

学校生活：认识学校中的相关成员，并礼貌相待；遵守学校纪律，愿意参与学校活动；熟悉校园环境，注意安全。

社区生活：了解社区环境，认识社区中相关成员，与邻里友好相处；爱护社区环境；具有初步的社区活动安全意识。

国家与世界：知道自己是中国人，遵守升国旗等礼仪活动规范；初步了解我国的主要传统节日；喜欢大自然，初步建立环保意识。

② 中段（4～6年级）

个人生活：懂得文明礼仪，尊重他人；认识身体异常状况，了解简单疾病的预防知识和处理措施；会表达自己的情绪情感；初步了解青春期基本知识，保持良好情绪。

家庭生活：了解家庭成员的基本信息，能与亲友沟通、交流；了解主要的居家安全常识，参与家务劳动，爱护家居环境；不攀比，建立适度消费观念。

学校生活：与同学、老师建立良好关系，关心集体，有荣誉感；遵守学生守则，文明礼貌，初步养成良好的学习习惯；能安全使用学校设施，掌握简单的求救方法。

社区生活：愿意参与社区活动，尊重他人；合理利用社区资源；具备基本的社区安全常识。

国家与世界：知道我国是一个统一的多民族国家，初步了解相关民俗活动；具有基本的环境保护意识；知道遵纪守法。

③ 高段（7～9年级）

个人生活：养成健康、文明的生活习惯；正确对待他人的评价，力所能及地为他人服务。

家庭生活：了解家庭生活，孝顺父母，尊重、关心家人，承担一定的家庭责任，与家人一起享受家庭生活；保护家庭隐私，保障居家安全；体谅父母生活、工作的艰辛，知道合理消费，勤俭节约。

学校生活：懂得交往礼仪，能与师生友好合作，具有团队意识；遵守学校和团体的各项规则，初步养成良好的文明行为习惯；能判断和处理一些简单的突发事件。

社区生活：在社区中主动寻求帮助，积极参与社区活动并愿意为他人服务，具备一定的自我保护能力。

国家与世界：热爱祖国，初步了解我国领土的相关知识，知道国家主权不可侵犯；初步了解有关家乡和祖国的地理、历史知识；初步认识世界，知道世界是由多个国家和地区组成的；具有保护生态环境的意识；遵纪守法，在成年人的指导下维护自身权益。

5.生活适应课程内容

（1）个人生活

① 饮食习惯

低段：认识常见的食物；认识常见的餐具，并会整理；初步养成良好的进餐习惯。

中段：了解饮食安全常识，养成健康的饮食习惯。

高段：了解进餐礼仪，做到礼貌就餐；了解常见食物的营养价值。

② 个人卫生

低段：学会洗手、洗脸、刷牙；及时表达大小便意愿，正确处理如厕事项。

中段：学会梳头、洗头、洗澡、剪指甲等基本技能，初步养成良好的个人卫生习惯。

高段：学习处理青春期相关事宜。

③ 个人着装

低段：认识常见的衣物，会戴帽子、手套，会穿脱简便的衣服、鞋袜。

中段：会穿脱较复杂的衣服、鞋袜，保持衣服干净。

高段：根据季节、场合合理着装。

④ 疾病预防

低段：能表达身体不适，会向家长或老师寻求帮助。

中段：了解常见疾病的简单知识，学习预防常见疾病的简单措施。

高段：了解就医的程序，能遵医嘱用药和休养；学习简单的急救常识。

⑤ 自我认识

低段：认识身体各部位的名称，认识自己的体貌特征，知道自己的姓名、性别、年龄等基本信息。

中段：了解自己的民族、籍贯等个人身份信息，了解自己的兴趣和爱好，了解青春期的身体变化。

高段：了解青春期保健常识；了解自身的优缺点，尝试计划个人进步和发展。

⑥ 心理卫生

低段：能对身边的事物感兴趣，学习表达自己的需求，有交往的意愿。

中段：学习表达自己的情绪情感；学习分享与合作；懂得感恩，学会宽容和尊重他人。

高段：正确接纳他人的评价，调控自己的情绪；勇于面对困难，解决问题。

（2）家庭生活

① 家庭关系

低段：学会正确称呼家庭主要成员，知道家庭主要成员的姓名、性别等信息，知道自己与家庭主要成员的关系，听从父母和长辈的教导。

中段：了解家庭主要成员的职业、工作单位等信息，了解自己与家庭主要亲属的关系，学会与亲友进行沟通交流。

高段：乐于参加家庭活动；孝顺父母，尊重、关心家庭主要成员；学会恰当表达不同的意见。

② 家庭责任

低段：爱惜家具和物品；爱护居家环境，保持干净；愿意分担力所能及的家务劳动；认识人民币，建立初步的健康消费意识。

中段：知道自己在家庭中的角色，承担家务劳动、接待客人等相应的义务；保持家居环境的整洁；了解家庭日常支出；体谅父母及长辈对家庭的付出，不攀比。

高段：能合理安排自己在家一日的生活；学会合理支配自己的零用钱，初步养成积蓄财富的意识；体谅父母生活、工作的艰辛，力所能及地分担家庭责任。

③ 居家安全

低段：知道自己的居住地址、电话及周边环境，知道家庭居室的名称及功能，学会安全使用家庭居所内的基本设施，遇到困难或意外时会向家人、邻里求助，知道并远离家中的危险隐患。

中段：知道居家生活的安全常识；保管好家中财物，不随意送人。

高段：掌握独自在家的安全知识；能够保守个人和家庭隐私，不随意泄露个人和家庭信息。

（3）学校生活

① 人际交往

低段：认识班主任、任课教师、学校工作人员；认识班级同学，记住名字，能分辨同学的性别；愿意和老师、同学交往，会使用礼貌用语；知道老师工作的辛苦，听从老师的教导。

中段：尊敬、信任老师，与老师建立良好关系；友爱同学，与同学平等相处、互相帮助；学会欣赏他人的优点；尊重工作人员的劳动。

高段：学会与同学分工合作，学会与人恰当交往。

② 校园安全

低段：认识自己的教室及与自己相关的场所，了解其功能；知道学校的地址、校长姓名、班主任姓名和电话等；认识校园内主要的安全标识，形成安全意识；爱护校园公用设施，保持校园环境整洁。

中段：学会安全使用校园的设备和设施；遵守学校的安全规则，遇到危险时会求救；发生突发事件时能够听从老师的指挥。

高段：了解应对突发事件的必需常识，在老师的指导下学习如何正确处理突发事件。

③ 学习活动

低段：了解学校一日安排，愿意参与学校活动；认识和爱护自己的学习用品；遵守纪律，养成基本的学习习惯；了解少先队相关知识，积极参加少先队活动。

中段：积极参与学习活动，养成良好的学习习惯；遵守学校的作息时间；了解并遵守学生守则；关心集体，能承担一定责任。

高段：积极参加集体活动，具有团队意识，了解并遵守各项规则；初步了解共青团相关知识，积极争取加入团组织；学习合理计划自己的假期生活。

（4）社区生活

① 认识社区

低段：认识邻里，能向邻居问好；知道社区周边重要标志物；知道自己家所属的社区。

中段：认识社区中的相关人员，了解他们的工作，尊重他们的劳动；知道自己住家位置所在的行政区；认识社区中超市、医院、车站等场所及设施。

高段：了解派出所、物业、居委会（村委会）等服务机构、人员及设施；了解社区中为残疾人提供服务的机构、人员及设施。

② 利用社区

低段：不乱扔垃圾，保护社区环境；学习安全使用电梯、公共卫生间等公用设施。

中段：学会使用社区中的休闲设施；爱护社区公用设施，遵守公共秩序。

高段：学会利用社区中的资源解决生活中的问题，遇到困难时会到居委会（村委会）、物业等相关服务机构寻求帮助。

③ 参与社区活动

低段：知道自己是社区中的一员，与社区人员友好相处；主动参加社区活动。

中段：尊重他人，懂得礼让；学会与人分享；愿意帮助有困难的人。

高段：学习参与社区休闲活动，帮助社区做力所能及的工作。

④ 社区安全

低段：了解社区环境中的安全隐患，不伤害他人，遇到危险物、危险环境的时候会躲避。

中段：认识社区中常见的安全标识；了解交通安全常识，遵守交通规则；知道与陌生人交往时的安全常识；了解网络交往安全常识。

高段：了解意外伤害常识，掌握一些自护自救的方法和技能，增强网络自我保护意识。

6. 实施建议

本标准是培智学校生活适应课程的设计、教材编写以及课程实施和评价的基本依据。在实施过程中，应当遵照标准的要求，融入社会主义核心价值观的内容和要求，结合各地学校及学生的实际情况，因地制宜地开展教育教学，促进每个学生健康发展。

（1）教学建议

① 准确把握课程性质，全面落实课程目标

教师应准确把握课程的生活性、实践性和开放性，遵循螺旋式上升原则，注意各年级段课程目标的层次性，将个人生活、家庭生活、学校生活、社区生活等内容进行有机整合、科学设计，多层面发展学生生活自理、从事简单家务劳动、自我保护和适应社会的能力。

② 尊重学生的个体差异，坚持个别化教育

教师要遵循个别化的教育理念，通过评估了解学生生活适应能力的基础与现状，确定教学目标，开展针对性教学。在集体教学中，教师通过分析将学生个体教学内容统整到集体教育活动中。在教学过程中处理好集体教学和个别教学、个别支持的关系，注意观察学生的表现，分组分层落实学习内容，满足不同学生的学习需求，并根据学生的反应及目标达成的情况，反思及改进教学。

③ 紧密联系生活实际，恰当选择教学内容

教学内容的选择要源于学生的实际生活，关注他们在学习、成长和生活过程中遇到的实际问题，从中捕捉到有教育价值的内容作为课程的生长点，创造性地选择恰当的内容，生成适宜的活动，有效整合学生在生活语文、生活数学及其他学科中习得的文化知识、思想品德、行为习惯等，提高其生活适应能力。

④ 采取多样化教学形式，注重实践与操作

教学形式要服从于内容，符合学生的生活经验、个性特征、学习方式等，注重实践与操作，避免脱离实际和形式主义。教师可根据目标、内容、条件、资源、学生需要等，因地制宜地选择教学形式。如情景模拟、角色扮演、游戏竞赛、小组讨论、体验分享、合作探究等，创设适宜的学习情境，帮助学生获得体验与感悟，发展其解决生活实际问题的能力。

（2）评价建议

本课程以课程目标和课程内容为基本依据，坚持多元、开放、整体的评价观，旨在激励每个学生的发展，促进其生活适应能力的提高。

① 评价目标注重共性与个性的结合

评价目标与内容的确定应以本标准的内容与要求为基本依据，从每个学生的原有基础出发，尊重学生的个性特点，既要关注全体学生要达成的共同目标，也要关注每个学生的个别化目标。

② 评价方式注重质性与量化评价的结合

以质性评价与量化评价相结合的方式进行，以质性评价为主。采用的评价方法主要有：观察、访谈、调查、测验、成长资料袋评价等。教师应重视日常观察的方法，客观记录学生在活动中的各种表现；也可通过访谈家长、其他相关人员以及学生本人，获得有关学生发展的相关信息。不同的评价内容所需要的评价方法不尽相同，在评价过程中要注意综合运用。

③ 评价过程注重多元化和开放性

评价主体多元化。评价主体既可以是教师、家长及其他有关人员，也可以是学生。

采取教师、家长及其他有关人员他评与学生自评、同学互评相结合的方式。

评价标准多元化。根据学生的不同情况，采取多元化评价标准，关注每一个学生在其原有水平上的纵向发展。

评价方式开放性。运用多种方法，采取多种形式收集来自家庭、学校、社区等各方面的信息，全面地评价学生。

④ 评价结果注重客观性和指导性

通过评价，教师能够比较客观、全面地了解每个学生的生活常识、行为习惯以及心理健康状况，了解每个学生适应社会能力的不同发展水平。教师应根据评价结果仔细分析每个学生的发展优势及不足，并以此为基础，在随后的教育教学活动中提供更有针对性地指导，从而帮助学生获得积极地体验，健康、自信地成长。

（3）教材编写建议

本标准是教材编写的重要依据，教材应全面、准确体现课程标准的理念和要求，体现基础性、综合性与指导性的特点。

① 教材编写的原则

教材编写要培育和践行社会主义核心价值观，落实立德树人的根本任务，应坚持以下基本原则：

现实性原则。教材必须关注学生现实的生活，选择在他们生活中遇到的实际问题为内容。教材要从国情出发，根据不同地区的实际、学生发展水平的差异等进行编制。

综合性原则。教材内容的编写既要注意把学生"个人生活、家庭生活、学校生活、社区生活及国家与世界"等方面的内容进行横向与纵向的联系和整合，也要注意与其他课程的联系与整合，以利于课程目标的整体实现。

活动性原则。教材内容的选择和呈现形式要突出活动性，要注意将活动的过程、方法、技能融合起来。

灵活性原则。针对学生个体内和个体间差异的特点，教材的内容选择、活动设计等要注意弹性和灵活性。

② 教材编写的注意事项

要符合学生的身心特点，贴近现实生活，要将学生良好的生活适应能力与习惯养成的教育融入整个教材之中。

要充分考虑学生的认知水平、生活经验、心理需求和实际需要，兼顾不同区域的特点。课程内容的组织要注重知识的前后联系和整合，可采用单元主题的方式，综合交叉，螺旋上升。

要着重解决学生生活适应的问题，呈现方式要符合他们的接受能力，突出活动性和可操作性，有利于激发学生的学习兴趣和愿望，有利于采用体验、探究等多种方式主动参与，自主学习。

要为教学活动提供多种方案，供教师依据学生的特点选择使用，并为教师创造性地使用教材留出必要的空间。

（4）课程资源开发与利用建议

本课程的资源是多样的、开放的。教师应根据教学需要，依据学生已有的生活经验，因地制宜地发掘和利用学生学习与生活环境中的各种资源，为课程的有效实施提供必要的支持。

① 有效整合和利用学校资源

教材、相关参考资料、各类图书、教具、学校的教学环境、校园网、图书室、班集体等都是重要的教学资源，教师在课程实施中应给予重视，并有效运用；学校德育工作、少先队和共青团活动、校会、主题班会、社会实践活动等是重要的课程资源，学校应统筹安排，加强教师之间以及学科之间的合作，有效整合校内各种人力及物力资源，全面促进学生的发展。

② 合理利用家庭资源与社区资源

家庭与社区既是学生生活的重要场所，也是培养他们良好社会适应能力的重要资源。社区公共设施及场所，如公园、超市、餐馆、银行、理发店、活动中心、文化体育场馆、校外教育基地、居住小区及家庭等都是可以利用的课程资源。

③ 充分开发与利用社会资源

与学校相关联的社会资源包括来自社会各界的人力资源，如学生家长、志愿者、与学生学习生活相关的各种从业人员等，还包括社会环境资源、社会生活事件等。此外，网络、电视、电影、广播、报刊等媒体资源也是重要的社会资源，应充分开发、利用。

（5）保障措施

课程的实施需要来自各方面制度与人员的保障。建立健全课程指导与管理制度、提高教师专业水平是本课程实施的重要保障。

① 课程指导与管理

建立由省、市、地区教育行政、教科研有关人员和一线教师组成的课程指导、评估、督查组织网络，定期对课程的教学情况进行跟踪教研，发现问题，及时反馈，不断提高教师实施本课程的能力。省、市、地区教育部门应加强对本课程的教学管理，建立教研网络，并加强对本课程的督导评估。省市教研部门应加强对本课程的教学质量监控和教学科研，完善教研制度，保证教研质量。学校应配备专职任课教师，加强对本课程的教育管理，保证本课程课时的落实，并积极开展校本培训活动，不断总结课程教学的规律与经验，促进教学质量的提升。

② 师资队伍建设

依托省、市、地区特教中心，建立生活适应课程教学研究制度，针对课程实施中遇到的实际问题开展教学研究，提高教师自身的修养和素质，促进他们的专业发展。建立和健全课程培训机制，通过培训帮助教师明确课程理念，提高课程实施能力。

二、培智学校教学

（一）培智学校的教学目标

1987年《全日制弱智学校（班）教学计划》（征求意见稿）中明确提出了"从弱智儿童身体和智力特点的实际情况出发，对他们进行相应的教育、教学和训练，有效地补偿其智力和适应行为的缺陷，为使他们成为有理想、有道德、有文化、有纪律的社会主义公民，适应社会生活、自食其力的劳动者打下基础"的教育目标。该教育目标表明，培智学校与普通学校教学目标有共同性，又有其特殊性。共性是"把青少年培养成为德、智、体、美、劳全面发展的社会主义建设者和劳动者"；特殊性是智力障碍儿童的教育目标反映了这类儿童独特的教育需求，如针对弱智儿童要"有效地补偿其智力和适应行为的缺陷"。

2007年《培智学校义务教育课程设置实验方案》中提出：培智学校应"全面贯彻党的教育方针，体现社会文明进步要求，使智力残疾学生具有初步的爱国主义、集体主义精神；具有初步的社会公德意识和法治观念；具有乐观向上的生活态度；具有基本的文化科学知识和适应生活、社会以及自我服务的技能；养成健康的行为习惯和生活方式，成为适应社会发展的公民"。该目标是通过培智学校的系统教育，使中度智力障碍儿童在思想情感、公德意识、法治观念、科学文化知识、社会认知、生活和行为习惯等诸方面获得最大限度的发展，以使他们最终成为能够适应社会发展的现代公民。

（二）培智学校的教学任务

1987年颁发的《全日制弱智学校（班）教学计划》（征求意见稿）中针对轻度智力障碍儿童的教育任务是"培养学生爱祖国、爱人民、爱劳动、爱科学和爱社会主义的国民公德，懂得遵纪守法，讲究文明礼貌；使学生具有阅读、表达和计算的初步能力；发展学生的身心机能，矫正动作缺陷，增强身体素质；培养学生爱美的情趣和良好的生活习惯，具有生活自理能力，并学会一些简单的劳动技能"。因此，轻度智力障碍儿童的教育任务主要有以下三个方面：一是对轻度智力障碍儿童进行思想品德教育，该教育任务包括爱国主义、公民意识和世界观教育；二是对轻度智力障碍儿童进行基础文明教育，即教育轻度智力障碍儿童具有融入社会所需的基本文化知识和技能，包括学科基础知识和运用知识参与社会生活的技能；三是针对智力障碍儿童身心发展独特需要而进行的特殊的教育训练任务，包括智力训练、语言训练、体能训练和生活自理能力训练等。其中，前两个任务与普通教育任务大致相同，第三个任务则是针对轻度智力障碍儿童缺陷而提出的，例如情绪控制训练、沟通训练、劳动技能训练、生活自理训练等。

1994 年《中度智力残疾学生教育训练纲要（征求意见稿）》规定，中度智力障碍儿童的教育任务有以下三个：

1. 全面发展

应使每个中度智力残疾学生在基本道德品质和行为规范、初步文化知识、身心健康等方面都有适合其特点与水平的发展与进步。

2. 补偿缺陷

根据每个中度智力残疾学生的运动、感知、言语、思维、个性等方面的主要缺陷，采取各种教育训练措施，使其各方面的潜在能力发展到尽可能高的水平，达到康复的最佳效果。

3. 适应社会

培养中度智力残疾学生的生活自理能力，与人友好相处和参与社会生活的能力，学会简单的劳动技能，养成劳动的习惯，为其成为自尊、自信、自强、自立的劳动者打下基础。

（三）培智学校的教学原则

智力障碍儿童的教学活动与正常学生的教学活动有许多共同遵循的教学原则，但由于其身心发展障碍，因此针对智力障碍儿童的教育教学又有以下特殊性原则：

1. 补偿性原则

补偿性原则是指教师在教学过程中针对智力障碍儿童的认知、语言、记忆、行为、情感等缺陷，运用特有教学内容提供专业的教育训练。这是根据智力障碍儿童缺陷补偿的需要而提出的一个特殊的教学原则。教学中教师必须考虑到学生的障碍和补偿需要，除了教给学生精选的知识和技能外，还要利用教学过程适时地提供补偿性训练，以促进智力障碍儿童身心的全面发展。

2. 功能性原则

功能性原则是指将分析、提取出来的适应环境生活所必需的、最重要的知识和技能教给智力障碍儿童，并帮助他们在具体环境中加以运用，以最终形成依据环境参与社会生活所需的功能性知识和技能。功能性原则是根据智力障碍儿童身心障碍、教育限制的多寡，以及参与社会生活的基本需要而提出的一个特殊的教学原则。功能性教学原则要求教师在考虑教授学科知识的逻辑性时，要关注知识和技能在具体环境中的运用，包括运用方式、运用效果等。功能性原则更适用于严重智力障碍、多重智力障碍或年龄偏大的智力障碍儿童发展社会性技能的需要。

3. 个别化原则

个别化教学原则是指在教学过程中针对智力障碍儿童的个别差异，为每个儿童设计他们所能达到的基本的学习量，然后采取相应的方法促进其发展的一个教学原则。个别化原则是针对智力障碍儿童个体差异大，绝大多数智力障碍儿童具有独特的教育需求而提出的教学原则。针对智力障碍儿童的教学必须贯彻个别化原则，并将其体现在教学目标、教学过程、练习和评价各个环节之中。个别化原则包括教学内容、要求、手段和方法上的个别化。

4. 小步子原则

小步子原则是指在教学中教师应按照智力障碍儿童的认知特点和学习能力，提供相适应的教学量。小步子原则是根据智力障碍儿童注意力不易集中，理解力、记忆力差等学习障碍提出的。一方面，教师应依据教学内容、学生的障碍程度、注意与记忆的特点以及学习兴趣，合情、合理地安排教学时间和教学量。例如教师在教学时，有必要将所讲内容设置为便于学生理解和操作的若干个教学任务和教学环节，带领学生在具体活动中学习和巩固知识、技能。另一方面，教师要根据每个儿童的接受能力安排教学的分量。特别是对教学中的难点、重点一定要坚持低起点、小步子的原则，并依据儿童的能力水平设计教学的难度和坡度，促进儿童的学习。

5. 充分练习原则

充分练习原则，是指教师在教学过程中引导学生在充分理解所学内容的基础上，通过有效记忆策略和反复练习等方法将所学的知识、技能加以内化、长久保持，并在需要时准确再现、正确使用。该原则是根据智力障碍儿童识记慢、遗忘快、不善运用有效记忆策略的特点而提出的教学原则。

（四）培智学校的教学方法

智力障碍儿童与正常儿童在学习上具有许多共性，一些普通学校的教学法同样适用于智力障碍儿童。但是，智力障碍儿童毕竟存在大脑损伤和社会认知不足等问题，所以他们在认识事物、理解和感受外界刺激、思维与表达方面还是有别于正常儿童。这就要求教师在教学过程中要依据智力障碍儿童的身心特征、学习特点和学习方式选择或创造更有效的教学方法。针对智力障碍儿童的教学方法主要有个别指导法、康复教学法、游戏教学法、伙伴帮助法、任务分析法、情景教学法等若干种。

1. 个别指导法

个别指导法是指在教学活动中照顾学生的个别差异，提出不同的要求，给予不同的指导，使每个学生都得到最佳发展的方法。培智学校因学生的个体间差异很大，教师除在课堂上会对有特殊需要的儿童提供专门的指导外，还会提供课外个别化教学训练，以帮助学习或身心严重障碍的学生跟上集体教学的步伐。此方法符合智力障碍儿童教育中的缺陷补偿教学原则。

2. 康复教学法

康复教学法是在教学过程中教师有意识设计的有助于智力障碍儿童功能康复的教学活动。例如，大部分智力障碍儿童同时伴有精细动作障碍，导致他们构音、手部功能等出现障碍，影响了他们的发音和书写。语文教师可以结合"听话与说话"教学开展唇舌等口腔功能的训练，以矫正儿童的构音缺陷；可以结合"写字"教学训练儿童手指、手腕的协调和控制功能，以发展儿童书写时握笔、运笔的协调性。

3. 游戏教学法

游戏教学法是指利用游戏来向智力障碍儿童传授知识、培训技能、矫正缺陷的一种教学方法。游戏教学法对激发智力障碍儿童的学习兴趣、维持智力障碍儿童的注意力、促进智力障碍儿童的思维有一定的作用，因此这种方法在智力障碍儿童教学中有其特殊的作用。游戏教学法符合因材施教、巩固性、直观性、启发性等多项教学原则。

4. 伙伴帮助法

所谓伙伴帮助法是指依靠集体内伙伴相互帮助以达到教学目的的方法。在培智学校课堂上教师可以利用智力障碍儿童的差异，大胆使用伙伴辅助的形式开展教学活动。如果教师在教学中能够合理使用伙伴教学资源，将不同能力水平的儿童组成学习互助小组，发挥伙伴的学习优势，不但能够使伙伴双方达到情感上的互通，又能够使辅助和被辅助儿童获得学习上的共同进步。该教学法符合智力障碍儿童教育中的个别化教学原则。

5. 任务分析法

任务分析法，也叫工作分析法，它是对特定的、复杂的学习行为和技能进行分析、评定的一种方法，旨在使学生能逐步、有效地掌握该行为或技能。由于智力障碍儿童的观察力、理解力和记忆力相对比较差，因此在学习比较复杂的操作性技能时不能对操作步骤进行有效观察、分析和记忆，而最终导致操作困难。为帮助智力障碍儿童看清楚并掌握正确的操作步骤、规范操作程序，教师常常对相对复杂的技能进行动作技能的分解，即将复杂技能分解成若干个容易观察、容易模仿的细小操作步骤，通过帮助学生进行操作实践，使他们掌握技能完成的要点，最后将每一细小步骤连缀成一个完整的操作技能。任务分析法符合智力障碍儿童教学中的小步子教学原则。

6. 情景教学法

情景教学法是指教师依据教学内容在课堂上设置教育场景，并将学生置于该场景之中，通过组织学生完成情景中的具体任务来帮助学生掌握知识和技能的教学方法。针对智力障碍儿童的情景教学法有两种基本形式：一是在现实场景中学习，即在学校内设置专门的生活场景，教师借助该场景进行教学。教师根据需要进入特定场景中，通过让智力障碍儿童在模拟场景中执行特定的学习任务来获得知识、掌握技能。二是教师利用教学内容设计临时性教学情景，通过组织儿童在该临时情景中扮演角色以体会学习的内容。情景教学法符合智力障碍儿童教育中的直观性、功能性、补偿性等教学原则。

（五）培智学校学科教学建议

2016 年教育部颁布了《培智学校义务教育课程标准（2016 年版）》，出台了包括生活语文在内的十门学科课程标准。分析这十门学科的教学建议，具体如下：

1. 生活语文

尊重学生的个体差异，实施个别化教育；明确课程目标，实施生活化教学；遵循学生的身心发展规律，实施支持性策略；重视生活语文实践，实施综合性活动；重视正确的价值导向，培育公民素养。

2. 生活数学

实施个别化教育原则，注重课程目标的整体实现；重视学生经历数学知识实际应用的过程，积累数学活动经验；重视学生在学习活动中的主体地位，发挥教师的主导作用；教学形式与方法要多样化，实施弹性与支持性策略。

3. 生活适应

准确把握课程性质，全面落实课程目标；尊重学生的个体差异，坚持个别化教育；紧密联系生活实际，恰当选择教学内容；采取多样化教学形式，注重实践与操作。

4. 劳动技能

注重基础、体现综合、尊重差异、关注安全。

5. 唱游与律动

遵循培智学生的身心发展规律，突出课程的特点；重视教学目标的设计与整合；在教学过程中渗透康复理念；调动社会资源，引导学生参与音乐实践活动；合理运用现代教育技术手段；因地制宜地实施本标准。

6. 绘画与美工

树立面向全体、关注差异的教学观；营造积极愉快的学习氛围；探索有效的教学方法和手段；多给学生感悟作品的机会；有机融入康复训练。

7. 运动与保健

（1）设置学习目标的建议：在目标多元的基础上有所侧重，目标难度适合学生学习发展水平。

（2）选择和设计教学内容的建议：体现"目标引领内容"的思想；充分考虑学生的运动兴趣与需求，选择适合的体育项目；适合教学实际条件；重视健康教育。

（3）选择与运用教学方法的建议：应有利于促进学生运动与保健意识的形成，关注知识与技能、过程与方法、情感态度与价值观的整体发展；应针对学生的身心发展特点，在教学中做到因材施教，特别要关注每位学生的差异性，有针对性地采用启发式的教学方法，促进每位学生更好地发展；应创设民主、和谐的教学情境，有效运用游戏教学、情景教学等方法，适当放慢讲解示范的速度，延长学生的感知觉时间，引导学生获得运动与保健的基础知识、基本技能和方法，发展学生的运动能力；应采用支持性教学策略，根据学生的需要，教师可借助辅具或其他支持策略，调动学生参与运动的积极性，提高活动参与度；应在运动与保健教学过程中，安排一定的时间，选择简便有效的练习方法，多次重复强化训练，发展学生的体能。

8. 信息技术

科学制订实施方案，精心设计教学过程，合理组织教学形式，灵活选用教学方法。（1）游戏教学法。在教学中，教师可以适时采用游戏教学法，用具有趣味性的益智游戏，把抽象的知识、枯燥的技能训练与游戏相结合，引导学生在娱乐中学习，激发他们对信息技术知识的学习兴趣，提高教学效率。（2）任务驱动法。教师结合学生的学习需求和兴趣设计好任务的情境，让学生在一个个信息处理任务的驱动下展开学习活动。教师根据学情将任务分解，遵循"小步子，多循环"的原则，引导学生由易到难、循序渐进地达成教学目标，帮助学生在学习中体验信息技术的用途，并获得成就感。（3）同伴指导法。教师根据教学内容和学习情况，选定几名接受能力较强的学生做重点培训，然后让他们去指导班级的其他学生，反复训练，逐步提高，共同进步。（4）现场教学法。任课教师、现场有关人员或二者协同，利用自然生活场景和现有资源，有计划地在事物发生、发展的现场展开教学，让学生更好地在现场环境中体验和实践。

9. 康复训练

根据课程性质，全面落实课程目标；依据课程定位，处理不同课程之间的关系；恰当选择内容，有机拓展教学资源；采取多元形式，有效开展训练活动；倡导循证实践，科学规范训练程序。

10. 艺术休闲

（1）在教学组织形式上，教师可以根据课程目标、内容及学生差异采取灵活多样的教学形式。例如，集体教学、小组教学、个别教学等。

（2）在教学方法应用上，教师可采用活动体验、讲授、示范、观摩等多种教学方法，引导学生参与活动，通过实践操作掌握休闲技能，体验休闲活动的乐趣。

（3）在教学时间安排上，建议本课程每学年开设 40 ~ 50 课时。教师除专门的课堂教学外，还可以充分利用学校的综合实践等课程开展休闲活动，同时建议家长结合家庭休闲资源对学生进行休闲活动的指导。

（4）在教学场所选择上，教师可以根据休闲活动内容，充分利用学校、社区等公共场所资源开展教学活动。

（5）在师资配备上，学校应建立一支由跨学科教师、家长、校外相关人员等组成的教学团队，利用各种资源共同开展教学活动。

第二节 聋校的课程与教学

一、聋校课程

根据基础教育课程改革和特殊教育事业发展的需要，2007年我国修订了《全日制聋校课程计划（试行）》并更名为《聋校义务教育课程设置实验方案》。要求各聋校应根据新课程设置实验方案，改进教育教学工作。

（一）聋校课程目标

聋校课程目标是：全面贯彻党的教育方针，体现时代要求，使聋生热爱祖国，热爱人民，热爱中国共产党；具有社会主义民主法治意识，遵守国家法律和社会公德；具有社会责任感，逐步形成正确的世界观、人生观、价值观，努力为人民服务；具有创新精神、实践能力、科学和人文素养以及环境意识；具有适应终身学习的基础知识、基本技能和方法；具有生活自理能力、社会适应能力和就业能力；具有健壮的体魄、良好的心理素质，养成健康的审美情趣和生活方式，培养自尊、自信、自强、自立的精神，成为有理想、有道德、有文化、有纪律的一代新人。

（二）聋校课程设置原则

聋校的课程设置要贯彻基础教育课程改革精神，要符合社会的要求，体现聋生的特点。聋校课程设置除了遵循普通教育课程设置的原则外，还要遵循以下原则：

1. 均衡性与特殊性相结合的原则

根据促进聋生全面发展的要求，均衡设置九年一贯的课程，各门课程比例适当，以保证聋生的和谐、全面发展。

课程设置要注重培养聋生积极主动的学习态度，使聋生在学习过程中既获得基础知识和基本技能，同时又学会学习、学会生活、学会合作、学会生存，并形成正确的价值观。

课程设置要按照聋生的身心发展规律，积极开发潜能，补偿缺陷，增设具有聋教育特点的课程，注重发展聋生的语言和交往能力。

2. 综合课程和分科课程相结合的原则

课程设置要坚持综合课程和分科课程相结合，各门课程都应重视学科知识、社会生活和聋生自身经验的整合，加强学科渗透。小学阶段（1～6年级）以综合课程为主，初中阶段（7～9年级）设置分科与综合相结合的课程。

设置综合课程，1~3年级设品德与生活课，4~6年级设品德与社会课，旨在适应聋生生活范围逐步扩大、经验不断丰富、社会融合能力逐步发展的需要；4~9年级设科学课，旨在使聋生从生活经验出发，体验探究过程，学习科学方法，形成科学精神。1~3年级设生活指导课，4~6年级设劳动技术课，7~9年级设职业技术课，旨在通过生活实践、劳动实践和职业技术训练，帮助聋生逐步形成生活自理能力、劳动能力和就业能力。

增设沟通与交往和综合实践活动课程。沟通与交往课程的内容主要包括：感觉训练、口语训练、手语训练、书面语训练及其他沟通方式和沟通技巧的学习与训练，旨在帮助聋生掌握多元的沟通交往技能与方式，促进聋生语言和交往能力的发展。综合实践活动课程的内容主要包括：信息技术教育、研究性学习、社区服务与社会实践等，使聋生通过亲身实践，提高收集与处理信息的能力、综合运用知识解决问题的能力以及交流与合作的能力，增强社会责任感，并逐步形成创新精神与实践能力。

3. 统一性与选择性相结合的原则

课程设置既要坚持面向全体学生提出统一的发展要求，又要根据各地区、各聋校的实际需要和聋生的个体差异提供选择的空间。

学校应创造条件，积极开设选修课程，开发校本课程，以适应社会和学生发展的需要。

（三）聋校课程设置

从2007年《聋校义务教育课程设置实验方案》来看，我国聋校设置的课程有品德与生活、品德与社会、思想品德、历史与社会（历史、地理）、科学（科学、生物、物理、化学）、语文、数学、沟通与交往、外语、体育与健康、艺术（律动、美工）、劳动（生活指导、劳动技术、职业技术）、综合实践活动和学校课程等。其中，历史与社会是综合课程，也可以选择分科课程，可选择历史、地理；科学是综合课程，也可以选择分科课程，可选择生物、物理、化学；外语为选修课程。

《聋校义务教育课程设置实验方案》规定：晨会、班团队活动、文体活动、心理健康教育等，由各校自主安排；沟通与交往课程是国家规定的必修课，各校可根据聋生的个体差异和不同的发展阶段，选择适合的教学内容和训练方式；综合实践活动是国家规定的必修课。综合实践活动的课时，可以与学校安排课程的课时结合使用，各校根据需要，既可以分散安排，也可以集中安排；信息技术教育，小学阶段为102课时，一般从四年级起开设；初中阶段不少于102课时，有条件的学校可提前开设和增加课时量；劳动类课程，各校可根据当地的实际情况和需要，选择不同的劳动和职业技术教育的内容，也可以结合校本课程，统筹安排；职业技术课程一般以集中安排为宜；体育与健康课程，应贯彻"健康第一"的原则，可结合相关体育活动，使学生了解一些体育健康知识，但必须充分保证学生参加体育活动的时间；外语作为选修课程，各校可根据不同地区和聋生实际选择开设；各门课程均应结合本学科特点，有机进行思想品德教育。各种专题教育渗透在相应的课程中进行，不单独安排课时；每门课的课时比例有一定弹性幅度。

（四）聋校课程标准

教育部2016年颁布了《聋校义务教育课程标准（2016年版）》，具体包括品德与生活、品德与社会、思想品德、历史、地理、生物学、物理、化学、语文、数学、沟通与交往、体育与健康、律动、美术14门课程的课程标准。课程标准一般由前言、课程目标、课程内容、课程实施建议四部分组成。其中，课程标准的前言包括课程性质、课程基本理念和课程设计思路，课程实施建议包括教材编写建议、教学建议、评价建议和课程资源的开发与建设建议。下面以2016年教育部颁布的《沟通与交往课程标准》为例来阐述聋校义务教育的课程标准情况。

沟通与交往是人类的基本社会活动，是人与人之间信息、思想、情感的交流过程。随着时代的发展，人们的沟通与交往活动愈加频繁，方式愈加多样，沟通与交往能力已成为现代公民必备的素养。

听觉损伤给聋生的语言发展带来了不同程度的困难，也影响了聋生沟通与交往能力的发展。这种状况不仅限制了聋生参与社会生活的范围和质量，而且对他们形成健全人格、健康心理产生不利影响。在聋校开设沟通与交往课程，对于聋生发展语言、提高沟通能力、培育健全人格、适应社会需求具有特殊意义。

沟通与交往课程应遵循儿童的语言发展规律，尊重聋生沟通与交往的特点，培养聋生沟通与交往的能力，提升社会交往素养，减少听觉损伤造成的沟通与交往障碍，为聋生形成正确的世界观、人生观、价值观，形成良好个性，培育健全人格打下基础；为聋生的全面发展和终身发展，适应社会、融入社会打下基础。沟通与交往课程对传承和弘扬中华民族优秀的礼仪文化和传统具有特殊的意义和作用，在聋校义务教育中占有重要地位。

1. 沟通与交往课程的性质

沟通与交往课程是一门学习、运用沟通交往知识与技能的实践性课程，是全日制聋校义务教育阶段的必修课程。沟通与交往课程从聋生沟通交往能力发展的需要出发，使聋生初步学会口语、手语、笔谈等多种沟通方式，具有在不同情境中与人沟通交往的实际能力，养成积极、主动地进行沟通交往的良好态度和习惯，培养聋生对不同沟通方式的理解和尊重。

2. 沟通与交往课程的基本理念

（1）注重素质教育，体现沟通交往能力对聋生发展的价值

沟通与交往课程的主要目的是促进聋生沟通交往能力的发展，为聋生融入社会打下基础，为他们继续学习和未来发展创造有利条件。沟通交往能力的发展能够促进聋生的心智发展，有助于聋生认识社会的多样性。应在发展沟通与交往能力的过程中，帮助聋生逐步克服沟通交往障碍，形成自信自尊、勇于沟通、主动交往的积极心态。

（2）面向全体聋生，关注聋生的不同特点和个体差异

沟通与交往课程应面向全体聋生，体现以生为本的思想。由于聋生在年龄、性格、认知方式、生活环境等方面存在差异，他们具有不同的学习需求和学习特点。因此，在教学目标、教学内容、教学过程、教学评价和教学资源的利用与开发等方面应考虑全体聋生的发展需求。沟通与交往课程应使聋生在教师的指导下构建知识、发展技能、拓宽视野、活跃思维、展现个性。

（3）重视学习过程，强调沟通交往的实践性和应用性

沟通与交往课程重视沟通交往技能学习的过程，主张聋生在沟通交往的现实情境中接触、体验和理解沟通与交往的基本策略，并在此基础上学习和运用沟通交往技能。在教学过程中，着重通过实践活动培养聋生的沟通交往能力。遵循聋生的认知特点，紧密贴近聋生的生活实际，精心设计教学场景，引导聋生注意观察、分析、模仿，从中学习、体验、感悟、运用多种沟通交往的方式、方法和策略。

（4）注重传承与发展，建设开放而有活力的沟通与交往课程

沟通与交往课程的建设应继承中华民族礼仪文化传统，注重学习和积累，注重应用和实践；密切结合现代社会发展的需要，汲取国内外相关学科的教学经验，注重现代科技手段的运用，拓宽沟通与交往的学习和运用的领域，开阔聋生的视野，提高学习效率，使聋生初步养成现代社会所需要的沟通与交往素养。沟通与交往课程应因地制宜，因材施教，要尽可能满足不同地区、不同学校、不同聋生的需求，开发与之相适应的课程资源，形成相对稳定而又灵活的课程实施机制，与时俱进。

3.沟通与交往课程的设计思路

（1）聋校义务教育沟通与交往课程应坚持育人为本，践行社会主义核心价值观，继承我国优良传统，汲取当代聋教育科学理论的精髓，借鉴国内外聋人沟通与交往教学改革的经验，遵循聋生身心发展的规律，着眼于聋生个体发展和社会交往的需要，提高聋生的沟通交往素养，为聋生的终身发展奠定基础。

（2）沟通与交往课程应注重引导聋生多实践、多积累，在沟通与交往实践中掌握沟通交往知识、技能和应用策略。

（3）整体设计1～6年级课程总目标，在"总目标"之下，按1～3年级和4～6年级分别提出学段目标与内容。

（4）第一学段（1～3年级）和第二学段（4～6年级）依据聋生沟通与交往的主要方式，安排"口语""手语""笔谈""其他"四个方面的教学内容。在四个方面的教学内容中，"口语"包括"听觉训练""看话训练"和"说话训练"；"笔谈"是指利用文字进行沟通与交往；"其他"包括"体态语""符号"和"信息技术和辅具"。

（5）义务教育聋校沟通与交往课程标准的"实施建议"部分，对教学、评价、教材编

写，以及课程资源的开发与利用等提出了实施的原则、方法和策略，也为具体实施留有创造的空间。

4. 沟通与交往课程的目标

（1）沟通与交往课程的总目标

① 在沟通与交往过程中，培养良好的个性、健全的人格与合作精神，逐步形成正确的世界观、人生观和价值观。

② 认识沟通与交往的重要性及其作用，体验与他人交往的乐趣，逐步树立勇于沟通、乐于交往和善于表达的自信心。

③ 培养对民族文化的认同感和自豪感，尊重文化差异，初步理解不同文化的内涵。

④ 通过语言实践、交往体验、社会参与、合作共享等方式，发展语言综合运用能力，能够对感兴趣的人和事表达自己的感受和想法。

⑤ 在沟通与交往实践中，提高收集与处理信息的能力，积极参与社会实践，为进一步提高沟通与交往能力和未来融入社会奠定良好的基础。

⑥ 初步掌握口语、手语、笔谈等多种沟通与交往的方式，学习沟通与交往的基本策略，针对不同沟通对象，采用灵活恰当的沟通方式，形成沟通与交往的能力，提高自身的人文素养。

⑦ 了解社会交往规范，学会交往礼仪，在沟通与交往过程中能理解、尊重对方，注意倾听，分享经验，建立良好的人际关系。

⑧ 学会使用沟通辅助工具，掌握沟通技巧，积极尝试运用现代信息技术和多种媒体来协助与他人的沟通与交往。

（2）沟通与交往课程的阶段目标

① 第一学段目标（1～3年级）

了解口语在沟通与交往中的意义和作用，初步学习感知、辨识声音的方法，能听（看）懂、理解和使用简单的词句，在佩戴助听器或使用其他听力改善技术的条件下，初步养成聆听他人说话的习惯。

了解手势具有的手形、位置、朝向、移动、表情、力度等组成要素，懂得打手语时双手的基本方位，能看懂、理解常用的手语语句，能使用手语进行日常生活中基本的沟通与交往。

能结合看话和手语，初步理解所对应的书面语意思，初步能用学过的拼音、字词或图形、符号表达想法，与他人进行沟通。

了解体态语、符号、信息技术和辅具在沟通与交往中的作用，学习恰当使用体态，知道学校和公共场合常用的安全符号的含义和应采取的恰当行为。了解和认识常用的沟通与交往辅具。

② 第二学段目标（4～6年级）

掌握口语沟通的基本内容和方法。能听（看）懂课堂用语和生活日常用语。能听（看）懂、理解和使用常见语句。在佩戴助听器或使用其他听力改善技术的条件下，掌握听觉技巧，初步形成听话、看话、说话能力。

掌握手语表达的基本方法。懂得手语表达要规范、正确，手势大方、到位。能看懂、理解手语语句，能使用手语流畅地与他人进行交流。学会使用手语工具书，了解手势词汇的构成方式。

结合看话和手语，正确理解其意思并转换成基本正确的书面语。能用常用句式与他人进行笔谈，养成良好的笔谈习惯。

进一步理解体态语、符号、信息技术和辅具在沟通与交往中的作用，能恰当使用体态，了解生活中的常用标志和功能性符号，并能合理运用。愿意学习并使用信息技术和沟通与交往辅具，学会安全、文明地进行有效地沟通与交往。

5. 沟通与交往课程的内容

（1）口语（1～3年级）

① 听觉训练

a. 察觉声音的有无，并做出反应。

b. 对声音感兴趣，愿意听声音。

c. 识别语言声音，如家人、教师等说话声音。

d. 识别非语言声音，如自然界声音、交通工具声音等。

e. 根据语境，辨识和理解指令性用语，如"来、去、找一找、坐下"等。

f. 根据语境，辨识和理解常用礼貌语，如"您好、谢谢、对不起"等。

g. 根据语境，辨识和理解日常用语，如"认真看黑板，今天是晴天，她穿了红裙子"等。

h. 辨识熟悉的语句、童谣或儿歌。

i. 识别100以内的数字读音。

j. 在未听清楚或未听懂时，能做出反应。

② 看话训练

a. 对看话感兴趣并能主动看话。

b. 通过看说话人的口型和表情，理解口型与实物、模型、动作、图片、文字之间的关系。

c. 看懂一般称谓和同学姓名。

d. 看懂学科教学中的常用术语。

e. 看懂家居、学校和社区的简单设备、设施名称。

f. 通过看说话人的口型和表情，理解说话人讲话的大意。

g. 看懂简单的礼貌用语。

h. 看懂熟人简单的话语。

i. 看懂常用指令性用语和简单的日常用语。

j. 初步掌握看话的基本技巧，保持适当的距离、方位、角度等。

③ 说话训练

a. 对发音和说话感兴趣，逐步养成说话的习惯。

b. 学习发音技巧，能发出较自然的声音。

c. 借助汉语拼音学习发音，口形正确。

d. 主动与他人打招呼，会使用礼貌用语。

e. 在模拟情境中分角色对话。

f. 根据情境进行简单的问答，表达简单意愿。

g. 有积累日常语句的意识，并在生活中愿意使用这些语句进行交流。

h. 交谈时，目视对方，注意倾听，声音适量，学会等待，知道轮流表达的沟通规则。

（2）手语（1~3年级）

① 进行简单的手指操训练和游戏。

② 了解手势的手形、位置、朝向、移动、表情、力度等组成要素，懂得打手语时双手的基本方位。

③ 使用手语时，动作幅度恰当，身体姿态大方、端庄，表情自然。

④ 熟悉汉语拼音手指语，并能熟练运用。

⑤ 能看懂用手语表达的常用语句。能看懂家庭、学校生活中的常用手语语句。看懂课堂教学中常用手语，并做出正确的回应。

⑥ 喜欢看（讲）手语故事，理解故事内容，乐于进行故事表演。

⑦ 用手语进行简单的日常对话，语意清楚，表达正确。

⑧ 用手语与他人交谈，并学会发问。

⑨ 有礼貌地用手语与他人进行沟通。

⑩ 进行简单的手语—汉语转换，知道一些词语的对应关系。

⑪ 学习使用手语工具书。

（3）笔谈（1~3年级）

① 对文字交流产生兴趣，初步养成笔谈习惯，并懂得多阅读有助于笔谈的道理。

② 了解书写、掌书等沟通的方式，读懂简单的日常用语和常见的提示语。

③ 在与人沟通时，愿意采用笔谈的方式交流。

④ 用简单语句表达自己的意愿和要求，知道标点符号的正确用法。

⑤ 与人笔谈时，文明有礼。

（4）其他内容（1～3年级）

① 体态语

a. 表达需求和意愿时，能用得体的身体动作表示。

b. 与人交往时，用体态语表示礼貌和友好。

c. 与人交往时，面向对方，双眼平视，注意倾听，体态自然，保持适当的空间距离。

d. 从对方的表情、手势、体态变化中了解对方的情绪，并做出合理应对。

e. 保持服装整洁和仪表得体。

② 符号

a. 在交流过程中，学会用符号或绘图表达意愿，增强表达效果。

b. 认识生活中的常用标志和功能性符号，并了解其意义和用途。

③ 信息技术与辅具

a. 认识信息技术可以辅助沟通与交往。

b. 认识常用沟通与交往的辅具，如电脑、手机、电子屏等，了解辅具在沟通与交往中的作用。

（5）口语（4～6年级）

① 听觉训练

a. 根据语境听懂完整句意，并能复述主要意思。

b. 辨析同一个词语在不同语境中的含义。

c. 听懂童谣、儿歌、故事并能复述大意。

d. 根据语境理解简单会话。

e. 根据语境，在听话过程中辨识、理解说话人的态度，如认可、反对等；辨识、理解说话人的情绪，如高兴、生气等。

f. 在与他人交谈时，注意倾听，并记住关键的信息。

g. 在未听懂时，有礼貌地请求对方复述。

② 看话训练

a. 积极、主动地看话。

b. 看懂各学科教师常用的课堂用语，如看懂"有感情地朗读课文""背诵乘法口诀表"等口头指示，并按照指示行动。

c. 根据语境看懂日常用语，看懂简单的陈述句、疑问句、祈使句，看懂简单的复句。

d. 在具体情境中，结合说话人的口型和表情，抓住关键词，基本理解对方表达的意思。

e. 看话时目光自然、专注，养成良好的看话习惯。

③ 说话训练

a. 了解说话的重要性，乐于开口，主动表达。

b. 学会简单的自我介绍。

c. 在模拟的生活情境中，运用"说""演"等形式进行交谈。

d. 简单口述事情经过以及见闻感受。

e. 学会看图讲简单的故事。

f. 学会向他人简单介绍周围熟悉的人、事、物，并进行简单的主题演讲。

g. 在交谈中对不理解的问题请教对方，就不同的意见与人商讨。

h. 学会多人之间的交谈。

i. 交谈时，态度自然大方，语言得体。

（6）手语（4～6年级）

① 学会用手语表达自己的意愿，并能转换成基本正确的书面语。

② 学会用手语讲故事。

③ 使用手语流畅地与人进行交流，描述生活情景和自己的见闻感受。

④ 用手语朗诵诗歌，演讲。

⑤ 看懂用手语表达的一段话。

⑥ 看懂用手语讲述的故事。

⑦ 学会使用手语工具书。

⑧ 了解手势词汇构成的方式。

（7）笔谈（4～6年级）

① 认识笔谈的重要性，养成良好的笔谈习惯。

② 喜欢阅读，注意积累词句，在交流中运用。

③ 在笔谈中，正确使用常用的标点符号。

④ 能抓住关键词，理解他人表达的基本意思。

⑤ 学会主动观察生活，乐于表达与分享自己的生活见闻和感受。

⑥ 运用书写、掌书等方式进行沟通。

⑦ 学会用短信和常用社交软件进行沟通，并注意文明礼貌和网络安全。

（8）其他内容（4～6年级）

① 体态语

a. 学会用适当的体态表达意思或情绪。

b. 学会感受沟通对象的情绪变化，辨识有用的信息并反馈。

c. 在情境中，理解他人用体态和表情表达的较为复杂的意思或情绪。

d. 学会根据不同场合着装得体，举止文明。

② 符号

a. 懂得常用标志和功能性符号的含义，并采取相应行动。

b. 熟悉常用的标识和符号，并灵活使用。

③ 信息技术与辅具

a.学会利用信息技术进行沟通与交往。

b.熟悉沟通与交往的辅具，并合理使用。

6.沟通与交往课程的内容实施建议

（1）教学建议

沟通与交往课程力求面向全体聋生，促进聋生沟通交往能力的发展，为聋生融入社会打下基础。在课程实施中，应坚持以实用性为导向，课程内容从满足聋生沟通需要出发，紧密围绕聋生的家庭生活、学校生活和社会生活，构建学习主题。在真实的交往情境中，激发聋生沟通与交往的动机，学习沟通知识和方法，形成沟通交往能力。应以多元性为基础，传授不同的沟通交往方式，使聋生能够根据交往对象的不同，恰当地选择和运用沟通方式，实现有效沟通。以互动性为特征，强调在沟通交往的具体情境中，锻炼和提高聋生的语用能力，丰富聋生的交往素养。以整体性为统领，将各种沟通方式方法的教学有机地联系起来，使聋生初步学会手语、口语与书面语之间的转换。以个别化为原则，根据听力损失和言语康复程度的不同，因材施教，以保证每个聋生都能获得适合的沟通与交往的知识与技能，使每个聋生得到最大限度的发展。

① 尊重个体差异，努力满足聋生不同的沟通与交往需要

要根据聋生的特点和学习水平，选择适合聋生需要的教学内容，确定教学目标；要根据聋生的致聋原因、程度、类型和特点，选择适合的沟通方式方法。尊重个体差异，采用灵活多样的教学形式，实施个别化教学。

② 发展语言能力，全面提高聋生的沟通与交往素养

语言能力是沟通交往能力发展的基础。在沟通交往能力发展的过程中，聋生的口语、手语、书面语能力都应得到发展。这些能力的发展是相互关联的。在教学中要重视口语训练，但不要把口语能力作为唯一的培养目标；要重视聋生的发音练习，但不要把语音清晰度作为唯一的训练目标；要重视手语学习，但不要把手语运用作为聋生掌握语言的最终目的。教学中要把培养聋生口语、手语与书面语的转换能力以及运用口语、手语和书面语进行有效沟通的能力，作为全面发展聋生语言能力的重点。

③ 认识课程价值，充分发挥师生双方的主动性和创造性

聋生是学习的主体。教师应激发聋生学习的意愿，调动聋生的学习兴趣，创设沟通交往的情境，鼓励聋生积极、主动、创造性地进行沟通交往实践，增强聋生沟通交往的成就感与自信心。教师是学习活动的组织者和引导者，应认真研究教学对象，选择适合的教学内容，积极开发课程资源，创设教学情境，灵活运用教学方法，创造性地开展教学活动，实施有效教学。

④ 突出课程特点，有效组织教学

沟通与交往课程是实践性课程。在教学中应突出课程特点，采用主题教学、情境教

学等灵活多样的教学形式，注重讲练结合。在教学组织上，可以按年级班级组织教学，也鼓励按学生沟通的实际水平，进行跨年级、跨班级的教学。

⑤ 整合教学资源，促进聋生沟通交往技能的形成

教师应重视多种教育资源的整合，重视家长、家庭和社区的参与。注重沟通与交往课程与其他学科课程的联系。应充分利用现代信息技术设备，开发网络资源，为聋生提供多种沟通交往的平台，促进聋生沟通交往技能的发展。

⑥ 重视培养聋生正确的情感、态度、价值观

应根据沟通与交往课程特点，注重培养聋生热爱生活、理解和包容他人、尊重多种文化的行为方式，培养聋生科学认识耳聋、正确认识自我、友善对待他人的人生态度，培养聋生自尊自信、乐观向上的心理品质。在日常教学活动中潜移默化地培养聋生正确的情感、态度、价值观。

⑦ 具体建议

a. 口语

在聋生的听觉、发音训练中，重视听觉辅具的运用，发挥聋生的残余听力。加强听能训练，通过多种声音的刺激，提高聋生的听觉的灵敏度，养成聆听习惯。注重发音技巧训练（如呼吸训练、声带放松舌操、唇操、唱音练习等），增强聋生发音器官的灵活性，提高发音质量。遵循循序渐进原则，从语音察觉到语音分辨、辨识与理解，由浅入深，由简单到复杂，由安静的环境到嘈杂的环境。重视多感官参与。重视语音、语意相结合。注重个别训练和集体训练相结合。注意维护助听设备，保持其正常运行。

看话训练应在一定的语境中进行，应注重视觉敏锐度、视觉记忆、视觉角度的训练，提高聋生的看话能力。通过镜前训练等方式，引导聋生熟悉发音口形，关注对方说话时的表情。在指导聋生看话时，引导聋生注意观察理解对方的体态、表情，感受对方的语气、语调等，适时调整自己的沟通方式与心态。看话教学中，教师的口形不应过于夸张，以利于聋生看话能力的形成和发展。

说话训练应重视与语文等其他学科的有机联系，有意识地指导聋生使用其他学科中学过的词语和句子。教学中要积极创设语境，注重日常训练和语言积累，做到见物说物，见事说事。要向聋生提供比健听儿童更多的语言刺激，对聋生说话要简单易懂，符合其语言、认知发展水平。注意利用录音录像及多媒体技术，再现语言，增加语言刺激。重视家校合作，发挥家庭的重要作用，鼓励聋生走出课堂、校门，大胆与人交往，提高聋生语言实践的实效性。

听觉训练、看话训练、说话训练是聋生学习口语过程中有机联系的整体。听觉训练、看话训练是说话训练的基础。在口语学习过程中，听力补偿、重建效果不够理想的聋生需要依靠听觉、视觉、触觉、动觉等多感官共同参与完成。

b. 手语

手语是一种视觉语言，是聋生接收信息和表达信息的重要工具。手语可以帮助聋生理解口语和书面语的意思，可以形象地感悟语言。但手语语法结构与汉语有不同之处。教师必须了解手语的手形、位置、方向、运动等表达特性及语法特征。教学中，注意帮助聋生逐步理解手语和汉语在表达上的联系和异同，逐步形成手语与汉语的转换能力。在教学中，应使用国家推广的手语。教师还应了解、学习地方手语，以便更好地实现沟通与交往。

c. 笔谈

鼓励聋生在与健听人沟通时多用笔谈方式，养成随身携带纸笔的习惯；鼓励在笔谈中多用学过的词句，使笔谈时语句表达得更通顺。教学中，积极创设沟通情境，激发聋生的沟通与交往愿望，扩大沟通对象与交往范围。鼓励聋生运用笔谈记录本，采用定期展示笔谈记录本等方式促进自身笔谈能力的提高。

（2）评价建议

沟通与交往课程评价的目的是分析学习效果，调整教学计划，改善教学方法。课程评价应突出评价的诊断和发展功能，准确反映聋生的发展水平、学习能力、学习特点和发展需要，及时调整、改进、完善教学计划，促进课程目标的有效落实。应注重评价主体的多元与互动，恰当选用多种评价方式，突出课程评价的过程性、整体性和综合性。

① 发挥评价的多种功能

课程评价应根据课程标准的目标和要求，加强对教学过程和结果的有效监控。通过评价，使聋生体验到进步与成功，建立自信，培养兴趣，促进学习水平和能力的进一步提升和发展；通过评价，使教师获取教学的反馈信息，对教学计划和教学行为进行反思和调适，进一步提高教育教学水平和能力；通过评价，使学校及时了解课程标准的执行情况，改进教学管理，加强师资专业化建设，促进课程标准的落实。

② 运用多种评价方式

课程评价应注意定性评价与定量评价相结合，形成性评价与终结性评价相结合。日常教学中的评价，以形成性评价为主，关注聋生在学习过程中的表现与进步，终结性评价着重考查聋生综合运用沟通与交往方法的能力，包括语言技能、沟通技能、情感态度、学习策略和文化意识等。评价方式和评价时间因教学内容和学生差异而定。

③ 注重评价主体的多元性与互动性

注意将教师评价、学生自我评价及学生间相互评价相结合。要尊重学生的自我评价与相互评价。根据需要，可让学生家长、社区专业人员等参与评价活动，发挥社会对学生沟通交往能力培养的关注和支持功能。

④ 突出评价的整体性和综合性

课程评价要体现课程目标的整体性和综合性，全面考查学生的沟通与交往素养。注意口语、手语、笔谈等多种沟通方式之间的有机联系。注意知识与技能、过程与方法、情感态度与价值观的交融、整合，避免知识和技能的单方面评价。注意在沟通交往实践中的整体评价，通过评价，引导聋生感悟手语与口语、书面语之间的异同及转换特点，将各部分教学内容有机联系起来。

⑤ 具体建议

a. 口语

听觉能力的评价重在综合考查聋生在语音的察觉、分辨、辨识的基础上对词语和句子的理解。看话能力的评价要综合考查聋生对说话口形、表情、语意等方面的辨别和理解。听话、看话是有机联系的整体，故在考查评价中也要有机结合综合运用。

说话能力的评价要综合考查聋生语意表达的准确性、语气语调的适宜性、交往中的态度与自我调整水平。

口语沟通是一个听话、看话、说话的连续互动过程，要在交往情境中综合评价聋生的口语理解与表达能力以及沟通策略的运用能力。

b. 手语

评价聋生手语表达的准确性、规范性、有效性，以及词汇的丰富性、交流的流畅性。应重点评价聋生对常用交往词句的理解能力、生活事件的表达能力、手语故事的表现能力、手语与汉语的互译能力。评价聋生手语沟通中的态度、礼仪、习惯以及沟通策略的运用。

c. 笔谈

评价聋生恰当运用词句进行笔谈的能力。主要评价聋生是否用词恰当、句子完整、语意清楚、思路清晰，能否基本看懂交谈内容、理解对方的意图，能否使用一定的交谈策略。同时，也要评价聋生使用计算机设备及手机网络进行远程沟通交往的能力。

（3）教材编写建议

① 教材编写应依据课程标准，体现基础性和阶段性，关注各学段教学目标与内容之间的衔接。

② 教材编写要以提高聋生的沟通交往能力为重点，在知识学习和能力训练中，发扬中华民族优秀文化和传统，践行社会主义核心价值观。

③ 教材编写要注重内容的适用性、形象性、趣味性、生活性、社会性、情境性、故事性，根据聋生的生活实际和认知水平，选编各种沟通与交往的真实场景。教学内容可按学校生活、家庭生活、社会生活等场景安排，也可按"急用先学"的要求来安排。倡导以主题单元方式安排教学内容，设计体验性活动。

④ 教材要注重多种沟通方式的合理编排以及与其他学科的联系。各种沟通方式要有机联系形成学习合力，提高沟通能力。教材内容要考虑与语文等学科的协调性。

⑤ 教材要有一定的开放性和弹性。在达到课程基本要求的基础上，留给学校和教

师开发、选择教学内容的空间；给聋生选择和拓展的空间，以适应各地区、各聋校和聋生间差异及实际发展需要。

⑥ 教材编写应吸收已有的科研成果和成功经验，体现时代性、先进性特点。教材的呈现方式应灵活多样，图文并茂，注重现代教育技术的运用，语言准确、规范。

（4）课程资源开发与利用建议

① 开发利用学校环境资源

学校要创设有利于聋生沟通交往的环境，建立信息无障碍的校园环境。学校教职工既是聋生语言学习和运用的榜样，也是聋生沟通交往的对象，承担着培养聋生沟通交往能力的责任，要学好与聋生有效沟通的语言形式和技能，发挥好沟通交往的示范作用。要充分开发和利用教具、挂图、计算机辅助教学技术，提高教学效率。

② 开发利用家庭与社会资源

要重视和开发家庭教育资源，鼓励家庭成员用口语、手语、书面语与聋生交流。鼓励、教授家长学习手语，学会使用手语工具书。要利用社区环境条件，鼓励聋生在社区生活场景积极沟通，锻炼语用能力，提高交往技能。适当开展社区手语培训。

③ 开发利用现代沟通工具和媒体资源

鼓励聋生正确使用网络沟通工具和交往平台，提高聋生的实际语言交往能力。开发和利用多种语言形式的学习软件和设施设备，提高聋生的语言表达能力。

④ 开发利用聋人团体资源

各级残联部门的聋人协会是聋人的社会团体。聋校和聋校教师要加强与聋人协会的联系，邀请优秀聋人来校交流座谈，组织聋生参加聋人社区文化活动。通过与聋人社团的互动，熟悉聋人地方手语，培养聋生积极的身份认同，提高手语沟通交往技能。

⑤ 开发和利用校本课程资源

聋校可研发校本课程和教材，介绍本校的发展简史和成就、办学理念和精神、优秀毕业生和校友，提高聋生热爱母校、传承学校文化的综合素养。聋校可收集整理地方手语，丰富聋生手语语汇，提高聋生的手语沟通水平。

二、聋校教学

（一）聋校教学的目标

1993 年《全日制聋校课程计划（试行）》指出聋校要"对学生进行德、智、体全面发展的教育，补偿学生的听觉缺陷。进行听力、语言训练，形成和发展他们的语言，加强职业技术教育，使他们具有良好的思想品质、基础文化知识、健康体质，具有某种职业劳动技能，成为能够适应社会生活，适应社会需要的公民，并为他们继续接受各种形式的教育和自学打下基础"。根据聋生与普通学生的区别与联系，聋校的教学目标与普通学校既有共性，同时又有自己的特殊性。聋校教学目标的特殊性主要表现在以下三个方面：一是要培养听力残疾学生自强、自尊、自信、自立和进取的精神；二是要补偿听力残疾学生的听觉和语言缺陷，形成和发展他们的语言；三是要培养听力残疾学生的劳动技能，使他们有一技之长。

（二）聋校教学的任务

聋校教学的任务是完成聋校教学目的的重要问题，是国家对聋校教学工作的要求，是聋校师生应共同完成的工作。1993 年《全日制聋校课程计划（试行）》指出聋校教学要使学生"掌握必需的文化科学知识和基本技能。有语文、数学的基础知识，有阅读、表达、计算的能力，有初步的自学能力，有良好的学习习惯和学习方法，有一定的自然和社会科学知识，以及运用所学知识分析问题、解决问题和动手操作的能力，培养学生实事求是的科学态度和不断追求新知的精神。要使学生初步掌握锻炼身体的基础知识和正确的方法，养成爱清洁、讲卫生的习惯，具有健康的体魄。具有一定的审美能力，初步形成健康的志趣和爱好。具有正确的劳动态度，良好的劳动习惯。有自我服务、从事家务劳动的能力。掌握劳动技术，了解社会职业分工、择业知识和职业道德，有参与社会群体生活和交往的能力"。

总之，聋校教学一般要完成以下四项任务：（1）向聋生传授科学文化知识，形成基本技能。向聋生传授科学文化基础知识和培养聋生的基本技能是聋校教学的中心任务。为把聋生培养成为德、智、体、美、劳全面发展的，有理想、有道德、有纪律的劳动者，就必须在各学科教学中,让聋生掌握现代生产发展和科学发展最基础的知识和基本技能。（2）发展聋生的能力。聋校教学在传授基础文化知识和培养基本技能的同时,必须有目的、有计划地培养聋生的能力。发展聋生的一般能力，有效提高他们学习的效率和知识质量，对聋生学习知识和掌握专业技术具有重要意义。对于聋生还要培养他们独立获取知识的自学能力与社会交往能力。（3）形成和发展聋生的语言。聋生由于听觉机能失调，听不到或听不清语言的声音，语言发展受到很大障碍，他们不能与周围的人们正常交流思想、表达情感，也难以通过语言调节自己的行为方式，语言逻辑思维受到了很大的影响。要使聋生走上自觉发展的轨道，必须通过特殊的教学方法来形成和发展聋生的语言，这是聋校教学的特殊任务。（4）培养聋生良好的道德品质。聋校教学是聋生德育的重要途径。思想品德课和政治课教学，是对聋生进行辩证唯物主义世界观教育的最重要途径。文化知识课也要在传授文化知识的同时对聋生进行思想品德教育。寓思想教育于各科教学之中，在传授知识的同时渗透思想教育内容，对聋生道德品质的形成具有更广泛、更深刻的作用。

（三）聋校教学的原则

教学原则是教师有效地进行教学工作所必须遵循的基本要求，是教学规律的科学总结。反映教学过程普遍规律的一般教学原则，如思想性与科学性相统一的原则、循序渐进的原则、理论与实际相结合的原则、直观性原则、巩固性原则等，同样对聋校教学有指导作用。只是在运用一般教学原则时，要紧密结合聋生的身心特点恰当地运用。同时在聋校的教学中，根据聋生的特点，又总结出了聋校教学的特殊原则。

1. 多种语言形式综合运用

聋生的语言是由口语、书面语、手语等多种语言形式构成的。口语是以声音材料为外壳，以意义要素为内容，具有现代语言相同的基本结构和基本职能的有声语言。书面语是以文字为物质材料的某一种特定的词组系统和语法系统的总和。手语是以手势动作进行交际的一种特殊语言形式。以上每种语言形式都有其自身不可替代的作用。单纯"口语教学"或"手语教学"，实践证明都有一定的片面性。因此，聋校教学必须坚持多种语言形式综合运用的原则。

2. 教学过程与形成和发展聋生语言相统一

对聋童来说，学习语言不能仅仅通过语文课以及专门的语训课，各科教学和活动都是他们获得语言的源泉。因此，各科教学和活动，不仅要传授本学科的知识和技能，同时要担负起培养聋童理解和表达语言能力的任务，把学知识和学语言统一起来。教学过程与形成和发展聋生语言相统一，是聋校教学工作必须坚持的基本原则。

3. 家长参与

家长参与，又称为家长参与学校教育、家校合作，是指家长从事的一切直接或间接地影响其子女的教育活动。家长参与对于营造良好的教育环境，促进特殊儿童发展具有重要意义。对聋童发展来说，家长的参与十分重要。

4. 社区化影响

社区化原则要求反映和满足社会发展的需要，对社区全体成员的身心发展施加影响。特殊儿童作为社区的一员，自然享有社区教育的权利。将社区化原则作为特殊教育的基本原则之一，是保障特殊儿童，包括听觉障碍儿童，享有社区教育权利的重要措施。

5. 功能化教育

功能化是针对具有特殊需要的学生而提出的教育原则,它不仅考虑了个体的差异性，也考虑了个体的社会适应性，是当前特殊教育发展的主要理念之一。

6. 个别化教育

个别化教育原则是特殊教育各个领域的基石与一般性原则，它是教师分别对个别学生进行传授与指导的教学组织形式。个别化原则是基于特殊儿童巨大的个体差异而提出来的。为了达到良好的教育效果，教师必须根据特殊儿童的身心发展特点制定相应的教育目标和教学计划。

（四）聋校的教学方法

聋校的教学方法是聋校师生为了达到教学目的、完成教学任务而组织的教师工作方式和聋童学习活动的总和。普通学校的教学方法同样适用于聋校教学。但由于聋生具有听觉缺陷，普通教学方法在聋校中运用时会有其特殊的要求。

1. 讲授法

讲授法是聋校教师通过口语、手指语、手势语相结合的语言形式系统地向听力障碍儿童传授知识的方法。讲授法能够发挥教师的主导作用，将科学知识系统地、连贯地传授给学生，在讲授知识的同时有目的、有计划地向听力障碍儿童进行思想品德教育，发展学生的智力。

讲授法在聋校教学中不能单独运用口头语言，因为讲授法只是教师说学生听，而听力障碍儿童都有不同程度的听力残疾，口语基础又很差，很难直接从教师的口头语言中学到全部知识，所以聋校的讲授法要口语、手语结合运用。

讲授时教师要运用听力障碍儿童已掌握的语言，清晰、生动、简明，速度适中，口形准确，合乎语言规律。要恰当运用口语、手指语、手势语、书面语等语言形式，既要有利于听力障碍儿童接受知识，又要有利于发展听力障碍儿童的语言。讲授过程中，要善于集中听力障碍儿童的注意力，引起听力障碍儿童对讲解的兴趣，启发听力障碍儿童的思维，要引导听力障碍儿童进行思考。讲授时要充分利用课文、板书和直观教具。语言不能脱离学生的直接经验和感性知识，要把感知的材料同书本知识联系起来，要用直观教具帮助听力障碍儿童理解语言，掌握所学知识。

2. 演示法

演示法是教师把实物或教具展示给听力障碍儿童看，或面向全体听力障碍儿童做示范性实验和形象生动的动作演示，使听力障碍儿童从直观形象中获得感性知识的方法。

演示法是聋校教学中常见的教学方法，它适用于聋校的各年级和各学科。听力障碍儿童由于生活环境、语言基础、听力残疾等原因，接受和理解知识的能力较低。由于没有口语基础，许多事物只认其形，很难与语言联系起来。在教学中运用演示可以使听力障碍儿童对感性材料加深印象，帮助其形成概念，同时可以培养听力障碍儿童的观察力、理解力和思维能力。

聋校的演示，主要是教具的运用和学具的使用。演示材料和教具主要有：实物、标本、模型、图片，幻灯、投影仪、录音、录像、电影等。教师的表情动作也是演示的重要内容。

教师在课前要做好演示前的准备。对演示教材要充分准备和检查，要精心设计演示步骤，要注意各种直观教具和演示材料的实际效果。演示时要面向全体听力障碍儿童，突出所要感知的对象，尽量促使听力障碍儿童运用多种感官去充分感知学习对象，每节课的教具不宜过多。演示的方法要系统，要注意细节，突出抓住事物之间的联系和发展变化，使演示合理。演示的时间要合理、适当。演示要适当配合讲授法、谈话法等，引导听力障碍儿童在感知过程中积极思考。在演示时必须把直观形象与语言统一起来，有利于听力障碍儿童掌握科学文化知识。

3. 观察法

观察法是教师充分使听力障碍儿童运用视觉器官去观察事物的现象、特征、发展变化获得感性知识的方法。观察是听力障碍儿童学习知识、发展智力、培养能力的前提和基础，是将感性认识进行概括，上升到理论认识的重要途径。观察适合于聋校各年级的听力障碍儿童和各学科的教学。

听力障碍儿童由于听觉机能失调，主要凭视觉感知事物、学习知识，特别是听力障碍儿童入学后，视觉得到特殊发展，观察事物的灵敏性及迅速性超过正常儿童。但是，听力障碍儿童由于听力残疾，导致他们的意志力比正常儿童发展缓慢，不能完全有目的、有意识地支配自己的行为，观察时缺乏持久性，多以兴趣转移。由于没有有声语言基础，听力障碍儿童观察时只注意表面现象，抓不住事物的主要特征，常看到细节，而缺乏系统性，有的只抓住个别现象，看不到整体。

教师在指导听力障碍儿童进行观察时要注意以下四点：第一，观察前要向听力障碍儿童讲清观察的目的、内容、要求，使观察有步骤地进行。第二，要给听力障碍儿童提供观察条件，提供观察对象，提出问题，引起听力障碍儿童的兴趣和注意，紧紧围绕教学内容和教学需要进行，并与其他教学方法恰当地配合。第三，要指导听力障碍儿童进行正确的观察方法。根据不同年级，结合教材内容采用不同的方式，一般多为对比观察、按情节顺序观察、按步骤观察等。第四，观察要与有声语言训练结合起来。要求听力障碍儿童把观察到的直观形象逐步用语言表达出来，培养其语言运用能力。

4. 谈话法

谈话法是在教学过程中为了引导听力障碍儿童积极思考，教师根据听力障碍儿童已有的知识经验提出问题，通过师生对话得出结论，从而使学生获得知识的方法。

谈话法可以激发听力障碍儿童的思维活动，锻炼听力障碍儿童的记忆；有利于培养听力障碍儿童的独立思考能力，运用旧知识学习新知识的能力；有利于培养听力障碍儿童的语言表达能力；还可以活跃课堂气氛，调节师生关系，使教师了解听力障碍儿童对知识的掌握情况。

教师应用的谈话法可以分为启发性谈话、复习检查性谈话、指导性谈话、总结性谈话等多种方法。

教师在与听力障碍儿童谈话时要有充分的准备，谈话要有目的、有计划，要从听力障碍儿童的实际水平出发，所用语言能为听力障碍儿童所理解和接受。谈话要围绕教学内容，适合听力障碍儿童的年龄特征和知识水平；要富于启发性，要能引起听力障碍儿童的学习兴趣和积极思考。

教师的语言要完整、准确、合乎逻辑，要求听力障碍儿童回答问题也要符合语法规范，做到理解和表达的统一，尽量做到运用口语谈话。谈话结束时，教师应用准确的语言进行总结，给予听力障碍儿童正确的知识评价。

5. 读书指导法

读书指导法是教师指导听力障碍儿童通过阅读教科书、参考书和其他书籍以获得知识的方法。

阅读可以培养听力障碍儿童的自学能力和习惯，鼓励其独立地获得或增进知识。养成良好的阅读习惯对听力障碍儿童特别重要，可以培养其理解书面语言的能力。但是培养听力障碍儿童的阅读也是一项艰巨的任务。

教师要根据各学科的不同目的、要求，指导和训练学生认真阅读教科书、工具书和课外书籍，培养他们的阅读习惯和能力。

在运用读书指导法时教师要根据听力障碍儿童的年龄特点、认知发展水平帮助听力障碍儿童选择书籍。低年级要从读幼儿画册开始，不要要求过高，操之过急，随着年龄增长，知识增多，逐渐加深阅读内容。有意识地培养听力障碍儿童的阅读兴趣，使其养成良好的阅读习惯。

听力障碍儿童的阅读习惯要从入学时就开始培养，要日积月累，开始要在教师的陪同下，边讲边读，当听力障碍儿童有了兴趣，养成习惯，再让他们自己去读。还要教会听力障碍儿童使用各种工具书，指导听力障碍儿童读书的方法，使他们能够学会做简单的读书笔记，摘录重点句子，写出段意、中心思想等。

6. 参观法

参观法是教师根据教学目的、教学内容组织听力障碍儿童到校外直接观察真实的自然现象和社会现象，从而使其获得新知识或巩固验证已学知识的一种教学方法。

参观法是把听力障碍儿童直接带到教学内容要求的场所，如自然界、工厂、农村、商店、博物馆、名胜古迹等，让听力障碍儿童亲眼观察、亲自体验，有效地把教学和生活实际紧密联系起来，帮助听力障碍儿童领会所学知识，开阔学生的视野，激发其求知欲和好奇心，使所学知识在头脑中直接形成深刻印象，牢固记忆。在与自然和社会生活的接触中，培养听力障碍儿童接受生活、热爱自然、热爱祖国的思想感情。

聋校参观法多用于讲授新知识之前或指导练习写作之前，目的是为听力障碍儿童提供感性材料。有时在新课进行之中为了帮助听力障碍儿童理解课文内容，到实地去参观；有时在新课之后，为了巩固检验所学知识，在已掌握知识的基础上，再到真实场景去参观，加深对所学知识的理解，参观的效果是仅在课堂上听课难以达到的。

教师在运用参观法时，首先要充分做好参观前的各项准备工作。要根据教学目的和教学内容，选择好参观地点，确定参观时间，明确参观目的，提出参观要求，特别让听力障碍儿童明确去看什么，怎么参观，参观重点是什么，参观后要做什么。教师先要亲自到参观现场观察，与现场人员协商好参观安排，要特别注意参观中的安全问题，要讲实效。其次，参观时教师要认真指导。教师要有目的、有准备、有重点，参观目的是向听力障碍儿童提供学习书本知识所必需的直接感性知识，要与讲解、谈话密切配合，要借助其已有的知识经验，形成新知识。参观时要与发展听力障碍儿童语言密切配合。要准备必要的词语卡片和句子卡片，要使听力障碍儿童把看到的事物与课本密切联系起来，与学习口语联系起来。参观后要进行总结和辅导。要使听力障碍儿童对参观的事物形成深刻的印象和概念，要按参观前提出的要求，让其完成作业。

7. 练习法

练习法是听力障碍儿童在教师的指导下，运用已学过的知识进行实际训练，达到巩固知识并形成技能技巧的教学方法。

练习法在聋校各年级各学科都适用。练习可以使听力障碍儿童对学会的知识加以巩固、理解，可以把学到的知识转化为技能技巧；在练习的过程中可以发展听力障碍儿童的记忆、思维、想象等能力；练习的过程还可以培养听力障碍儿童克服困难的精神，使其掌握独自学习的方法，养成勤学好练的习惯。

教师在指导学生练习时要明确练习目的，提出练习任务，明确练习的要求、方法，要根据听力障碍儿童的基础情况确定练习的重点、次数、时间。练习要有计划，正确安排时间，要做到由浅入深有序进行，练习要有选择，根据听力障碍儿童对知识的理解程度、存在的困难，有重点、有目的地给予指导。

练习方法要灵活多样。教师要根据不同年级听力障碍儿童的年龄特征、思维发展特点，生动直观地采用不同练习形式，以引起听力障碍儿童的兴趣、保持其注意力，使其通过多种方式灵活运用知识。培养听力障碍儿童动脑、动口、动手能力，指导其运用已学过的知识来分析问题和解决问题，把知识转化成能力。

练习过程中，教师要注意随时检查听力障碍儿童的练习效果，要及时批改，及时纠正，以保证练习的质量。

8. 情境教学法

情境教学法是教师根据教学内容选择和创设相应的情境，使听力障碍儿童在一定的情境中获得感性知识、训练技能、陶冶情操、受到思想教育的教学方法。

情境教学法通过运用创设与教学内容相适应的自然情境、社会情境、生活情境、扮演角色等，来使听力障碍儿童感到亲临其境，并且与有声语言密切配合，使听力障碍儿童在轻松愉快的环境中获得知识，理解和运用语言。

运用情境教学法时教师要根据教学内容来选择和设计相应的情境，要选择最能表现课文中心思想的重要概念和形象来创设情境。选择和创设的场景还要能引起听力障碍儿童的兴趣，使其感到新鲜生动；要引起听力障碍儿童的注意力，激发其的学习激情。要让大部分听力障碍儿童参与扮演角色，要运用相应情境加强对听力障碍儿童的有声语言教学，使其在交际中来学习有声语言，把情境与语言紧密结合起来。

聋校教学方法是人们在长期聋校教学实践中摸索出来的，符合教师教学、听力障碍儿童学习活动的客观规律。教学方法对于全面完成教学任务，提高教学质量十分重要。恰当地运用符合教学规律的方法，可以充分调动听力障碍儿童的学习积极性，取得良好的教学效果；如果教学方法不当，引不起听力障碍儿童兴趣，就会影响教学效果。教师在选用教学方法时，应根据教学目的、任务、学科特点、听力障碍儿童接受知识的能力等诸多因素全面地考虑，必须注意几种方法恰当灵活运用。

（五）聋童听觉训练

听觉训练是聋童口语训练的基础，能促使聋儿回归主流社会，有助于聋儿的认知发展。听觉训练的内容主要包括听觉察觉的训练、听觉注意的训练、听觉定位的训练、听觉识别的训练、听觉记忆的训练和听觉选择的训练等。

1. 听觉察觉

所谓听觉察觉，是指听觉系统对听刺激的感受能力，或称听感受性。这种听觉能力是对不同性质和不同响度的声响刺激做出的一种反射性反应，并不与语言学习直接联系。

2. 听觉注意

所谓听觉注意是指聋儿在建立听觉察觉能力之后，能排除来自各方面的无关刺激的干扰，把注意力集中在要听的内容上，养成聆听的兴趣和习惯。

3. 听觉定位

听觉定位是指在感知声音刺激后去寻找声源的测向定位能力。重新培养聋儿的听觉定位能力必须在听觉感知与听觉注意的基础上进行，并且应该尽量利用生活声响的环境。

4. 听觉识别

听觉识别是在聋儿已经熟悉声音的基础上，认识和识别各种声音所包含的意义和代表的事物。

5. 听觉记忆

聋童的听觉记忆需要反复、多次的刺激，使大脑的记忆编码得以强化。

6. 听觉选择

听是人的一种主动活动，它除了需要听觉器官参加外，还应包括大脑皮层的综合分析过程，在接受声音刺激后，需要注意对特定的声音指向和集中，有目的地选择某些声音。听觉选择就是在两种以上的声音中，或者在环境噪声中选择性听取某种声音的能力，也就是指能够听取希望听到的某种声音的能力。

（六）聋校语言教育

1. 语言教育原则

聋校语言教育需要遵循以下四个原则：早期诊断、早期发现、早期训练是聋童语言教育必须遵循的首要原则；在语言教学中要充分考虑到男女性别的差异、年龄的差异和语言环境的差异，开展个别化教育；聋童的语言训练仅靠在学校里进行是不够的，还需要家长和社会的配合及多方的努力，为聋人的语言教育创造良好的环境，多方合作，创造最佳语言环境；为聋生选配合适的助听器有助于最大限度利用残余听力。

2. 手语教学法

聋人手语是在聋人交际需要的基础上产生的，它已成为聋人的一种语言，逐渐为人们所接受。手语包括手指语和手势语。手指语是用手指的指式变化和动作代表字母，并按照拼音顺序依次拼出词语。在远古时代，人类处在简单的有声语言阶段，常常用手做各种姿势来表示意思，这样的手势大多数是指示性和形象性的动作，称为自然手势。此后，随着社会的进步，特别是聋校教育的产生与发展，开始创造出具有语言性质的手势。这种在有声语言和文字基础上产生的，与有声语言密切结合的手语，称为人为手势。自然手势和人为手势结合成为手势语。另外，由于我国幅员辽阔，人口众多，如同汉语有各种方言一样，手语也有各种不同的地方手语。

针对《中国手语》的局限，2011年国家语委与中国残联共同设立重大科研项目，支持国家通用手语规范标准的研制。2015年形成《国家通用手语常用词表》成果，在全国进行试点，并在试点的基础上进行了修订完善。2018年5月，《国家通用手语常用词表》发布。2018年7月1日，《国家通用手语常用词表》实施。《国家通用手语常用词表》由两部分内容组成：一是说明适用的范围、使用的核心术语定义、手语动作线图解符号的式样和含义、编制的基本原则和使用说明；二是按照音序排列的词目，收录了广大听力残疾人现实生活中广泛使用的手语，替换了过去许多和汉字——对应的手语，大量减少了手指字母的使用，注意描述手语表达时体态动作和面部表情的变化，重在体现手语表形表意的语言特点。

《国家通用手语常用词表》规定了通用手语常用词汇的规范动作，遵循了"增加新的、改正错的、删除旧的"原则，大量补充了反映现代化、信息化、城镇化发展变化的手语常用词，使之能基本满足听力残疾人学习、工作和日常交流的需要；对原《中国手语》中不符合听力残疾人手语表达规律和特点的动作进行修订，删除过时的词目。《国家通用手语常用词表》的发布，是国家通用语言的丰富和补充，是对听力残疾人使用手语语言权利的保障；为他们平等充分参与社会生活，共享全面建成小康社会的发展成果提供便利，将进一步加快手语规范化进程，极大促进听力残疾人文化教育事业的繁荣与发展。

3. 全面交流法

针对没有残余听力，或残余听力无法利用的聋生要恰当地运用手语开展教学，并辅之以看话教学。手语包括手势语和手指语。手势语是聋人利用手的动作和面部表情进行交往的一种表达系统，亦称手势表情语。手指语又称指语，是用指式（手指的格式变化）代表拼音字母，连接若干个指式，可以拼成任何的语言词句。看话，又叫看口、唇读、读话、视话，是聋人感知言语的一种特殊方式和技能，即利用言语活动的视觉信息以理解对方的言语和促进交流。看话训练内容包括以下五个方面：视觉训练、视觉记忆广度训练、补缺练习、个别语音和语词训练、会话技能训练。

（七）聋校学科教学建议

2016 年教育部颁布了《聋校义务教育课程标准》，出台了包括品德与生活、品德与社会、思想品德、历史、地理、生物学、物理、化学、语文、数学、沟通与交往、体育与健康、律动、美术 14 门课程的课程标准，提出了这 14 门课程的教学建议。这些学科课程的教学建议如下：

1. 品德与生活

深刻理解课程性质，全面把握课程目标；正确认识教师的角色和作用；深入了解聋生的特点，悉心关注个体差异；以活动为教与学的基本形式。

2. 品德与社会

整体把握课程目标和教学目标的关系；整体把握思想品德类课程的内容；创设多样化情境，丰富和提升聋生的生活经验；引导聋生自主学习和独立思考；因地制宜地拓展教学时空；有效组织适宜的教学活动。

3. 思想品德

整体把握课程目标和教学目标的关系；创设多元情境，丰富和提升聋生的生活经验；引导聋生自主学习和独立思考；因地制宜地拓展教学时空；有效组织适宜的教学活动。

4. 历史

坚持正确的思想导向和价值判断；充分激发聋生的历史学习兴趣；注重对基本史实进行必要的讲述；引导聋生学会学习，学会思考；注意历史知识多领域、多层次的联系；提倡教学方式、方法和手段的多样化；注重培养聋生的创新意识和实践能力；借鉴普校的教学经验，促进普特融合。

5. 地理

突出地理事物的空间差异和空间联系；选择多种多样的地理教学方式方法；重视地理信息载体的运用；关注培养创新意识和实践能力；提倡交流沟通方式的多元化，提高教学过程的有效性。

6. 生物学

提高贯彻课程目标的自觉性，引导并组织聋生进行探究性学习，关注重要概念的学习，加强和完善生物学实验教学，落实科学、技术和社会相互关系的教育，注重语言能力的发展。

7. 物理

重视聋生的语言发展与潜能开发，重视科学探究式教学，发挥实验在物理教学中的重要作用，在科学内容教学中注意落实三维课程目标，加强物理学与生产、生活的联系。

8. 化学

科学设计教学目标，全面发展科学素养；精心设计科学探究活动，加强化学实验教学；注意贴近聋生的生活，联系社会实际；优化课堂教学过程，促进有效教学。

9. 语文

充分发挥师生双方在教学中的主动性和创造性，教学中努力体现语文的实践性和综合性，重视情感、态度、价值观的正确导向，重视培养聋生的创新精神和实践能力，依据聋生语言习得的特点进行教学。

10. 数学

教学活动要注重数学课程目标的整体实现；注重聋生对基础知识、基本技能的理解和掌握，感悟数学思想，积累数学活动经验；重视聋生在学习活动中的主体地位；关注聋生情感态度的发展；合理把握"综合与实践"的实施。教学中应当注意以下七个关系：（1）潜能开发与缺陷补偿的关系；（2）形象思维与抽象思维的关系；（3）接受学习与自主学习的关系；（4）面向全体聋生与关注聋生个体差异的关系；（5）"预设"与"生成"的关系；（6）使用教材和创设学习情境的关系；（7）使用现代信息技术与教学手段多样化的关系。

11. 沟通与交往

尊重个体差异，努力满足聋生不同的沟通与交往需要；发展语言能力，全面提高聋生的沟通与交往素养；认识课程价值，充分发挥师生双方的主动性和创造性；突出课程特点，有效组织教学；整合教学资源，促进聋生沟通交往技能的形成；重视培养聋生正确的情感、态度、价值观。

12. 体育与健康

（1）设置学习目标的建议：在目标多元的基础上有所侧重，目标难度适宜。

（2）选择和设计教学内容的建议：体现"目标引领内容"的思想，符合聋生的身心发展特点，充分考虑聋生的运动兴趣与需求，适合教学实际条件。

（3）选择与运用教学方法的建议：应有利于促进聋生体育与健康的知识与技能、过程与方法、情感态度与价值观的整体发展，充分发挥体育促进聋生融入社会、功能补偿、开发潜能的重要作用；应针对不同水平聋生的身心发展特点，遵循不同内容的教学规律与要求，进行更有针对性和实效性的教法与学法创新，调动聋生体育与健康学习的积极性；应创设民主、和谐的体育与健康教学情境，有效运用自主学习、合作学习、探究学习与传授式教学等方法，引导聋生在体育活动中，通过体验、思考、探索、交流等方式获得体育与健康的基础知识、基本技能和方法，培养应对问题、自我锻炼、交往合作等能力，开展富有个性的学习，不断丰富体育活动经验，学会体育学习和锻炼；应在运动技能教学的同时，安排一定的时间，选择简便有效的练习内容，采用多种多样的方法，发展聋生的体能；应高度重视聋生之间的个体和年龄差异，在体育与健康教学中做到区别对待、因材施教、个别化教学，特别要关注体育基础较差的聋生，有针对性地采用相应的教学方法，提高他们的自尊和自信，促进每一位聋生更好地发展。

13. 律动

遵循聋生的艺术感知规律，突出律动学科的特点；重视教学目标的设计与教学内容的整合；选择多种多样的律动教学方法；充分调动师生双方的积极性；积极引导聋生进行律动实践活动；合理运用现代教育技术手段，因地制宜地实施律动课程。

14. 美术

建立面向全体聋生的"学习共同体"，积极开发有地方特色的校本课程，营造适合聋生美术学习的教学氛围，采用针对聋生特点的美术教学方法，有效运用多种形式的教学手段，为聋生提供关注生活、感悟美术作品的机会，重视教学的反思与研究。

第三节　盲校的课程与教学

一、盲校课程

根据基础教育课程改革和特殊教育事业发展的需要，2007 年我国修订了《全日制盲校课程计划（试行）》，并更名为《盲校义务教育课程设置实验方案》，要求各盲校应根据新课程设置实验方案，改进教育教学工作。

（一）盲校课程目标

全面贯彻党的教育方针，促进视力残疾学生全面发展，尊重个性发展，开发各种潜能，补偿视觉缺陷，克服残疾带来的种种困难，适应现代生活需要。

使学生具有爱国主义、集体主义精神和民族精神，热爱社会主义，继承和发扬中华民族的优秀传统和革命传统；具有社会主义民主法治意识，遵守国家法律和社会公德，依法维权；逐步形成正确的世界观、人生观、价值观；正确地认识和对待残疾，具有乐观进取、自尊、自信、自强、自立、立志成才的精神，顽强的意志以及平等参与的公民意识；具有社会责任感，努力为人民服务；具有初步的创新精神、实践能力、科学和人文素养以及环境意识；具有适应终身学习的基础知识、基本技能和方法；身体健康，具有良好的心理素质，养成健康的审美情趣和生活方式，学会交流与合作，初步具有独立生活能力、社会适应能力和人生规划意识，成为有理想、有道德、有文化、有纪律的一代新人。

（二）盲校课程设置原则

为实现上述目标，视力残疾儿童义务教育课程除应遵循普通义务教育课程设置的原则外，还应遵循：

1. 普遍性与特殊性相结合的原则

贯彻国家基础教育课程改革精神，坚持视力残疾儿童教育与普通儿童教育共性的同时，从视力残疾儿童的身心发展特点出发，注重学生的潜能开发和缺陷补偿，调整教育内容、课时数，以达到与普通学校相应的目标，促进视力残疾儿童全面发展。

2. 继承、借鉴与发展相结合的原则

结合国情，总结并继承我国各地视力残疾儿童教育的成功经验，立足全面发展，注重潜能开发和补偿缺陷，加强劳动教育，强调适应社会；借鉴与吸收国外视力残疾儿童教育的有益经验，力求教育与医疗、教育与康复、教育与训练、教育与心理辅导等相结合，让学生学会学习、学会做事、学会共处、学会做人。

3. 面向全体与照顾差异相结合的原则

从多数视力残疾儿童的教育需要出发，合理均衡地设置课程，同时针对视力残疾儿童的个体间差异，根据地方和学校的实际以及学生的特殊需要，进行适度调整，力求面向全体、因材施教。

4. 综合课程与分科课程相结合的原则

依据视力残疾学生身心发展的特点和学科知识的内在逻辑，整体设置义务教育阶段课程；重视学科知识、社会生活和学生经验的整合；课程门类由低年级到高年级逐渐增加，低年级以综合课程为主，高年级以分科课程为主，同时做好各年级课程之间的衔接与过渡。

（三）盲校课程设置

从 2007 年《盲校义务教育课程设置实验方案》来看，我国盲校设置的课程有品德与生活、品德与社会、思想品德、历史与社会（历史、地理）、科学（科学、生物、物理、化学）、语文、数学、外语、体育与健康、艺术（美工、音乐）、康复（综合康复、定向行走、社会适应）、信息技术应用、综合实践活动和学校课程等。

1. 课程结构

整体设置九年一贯的视力残疾儿童义务教育课程，包括国家安排课程和地方与学校安排课程两部分，以国家安排课程为主，地方、学校安排课程为辅；既开设普通学校的一般性课程，也设置必要的特殊性课程。课程内容涉及人文与社会、语言与文学、体育与健康、数学、科学、艺术、技术、康复、综合实践活动 9 个学习领域。

2. 课程设置

低、中年级阶段以综合课程为主，高年级阶段设置分科与综合相结合的课程，开设思想品德（低年级开设品德与生活，中年级开设品德与社会，高年级开设思想品德）、语文、数学、外语（三年级开始）、体育与健康、艺术（或分科选择音乐、美工）、科学（高年级或分科选择生物、物理、化学）、历史与社会（或分科选择历史、地理）、康复（低年级开设综合康复，低、中年级开设定向行走，中、高年级开设社会适应）、信息技术应用、综合实践活动等课程。

《盲校义务教育课程设置实验方案》规定，对低视力学生应安排眼保健操，上下午各一次。统筹安排体育课和体育活动，保证学生每天有 1 小时的体育锻炼时间。盲校对盲生和低视力学生应当实行分类教学。为低视力学生举办低视力班，对于人数不足以编班的低视力学生，可以和盲生混合编班，但应积极创造条件同班分类教学。盲校应创建低视力无障碍环境，为低视生配置助视器械、大字课本、适宜灯具等有关设备，学习和使用明眼印刷文字，注意并鼓励低视生利用其剩余视力，并传授有效使用和保护剩余视力的技巧，提高其运用视觉的能力。低视力班的教学安排，可参照普通学校课程设置方案，进行适当调整。普通学校可参照本方案对随班就读的视力残疾学生实施特殊教育。对于有其他障碍的视力残疾学生，也应采取相应的措施给予专门指导。各门课程均应结合本学科特点，有机地进行思想、道德、环境、心理健康、国防、安全等方面的教育，进行无神论和破除封建迷信的教育以及转变旧习俗、树立新风尚的教育。各门课程均应结合本学科的特点，注重调动盲生多重感官参与学习。高年级阶段可继续进行定向行走训练。定向行走课程教学应结合盲校寄宿制的特点，安排在学校集体教学之余进行，并注意课上与课外相结合、集中指导与个别矫正相结合。盲校应对有个别矫正需要的学生实施个别矫正。根据学生的学习成绩、特长和志愿，高年级时学校可实行分流教学：对于不准备升学的学生，可安排较多的时间进行社会生活和劳动技术教育；对于准备升学的学生，可安排较多的时间学习文化课。在最后一年，应安排必要的时间对学生进行升学、就业的教育和指导。

（四）盲校课程标准

教育部 2016 年颁布了《盲校义务教育课程标准》，具体包括品德与生活、品德与社会、思想品德、历史、地理、生物学、物理、化学、语文、数学、英语、体育与健康、信息技术、美工、音乐、综合康复、定向行走、社会适应 18 门课程的课程标准。课程标准一般由前言、课程目标、课程内容、课程实施建议四部分组成。其中，课程标准的前言包括课程性质、课程基本理念和课程设计思路，课程实施建议包括教材编写建议、教学建议、评价建议和课程资源的开发与建设建议。下面以 2016 年教育部颁布的《综合康复课程标准》为例来阐述盲校义务教育的课程标准情况。

随着社会文明的发展，教育的进步，残疾人的教育和康复越来越受到重视。践行社会主义核心价值观，落实立德树人的根本任务，坚持育人为本，从视力残疾学生的实际出发，开发潜能，补偿视觉缺陷，促进各项能力的发展，使他们自尊、自信、自强、自立，是我国视力残疾学生教育的重要目标。为了实现这一目标，需要综合、协调地利用学生学习和生活中的一切可能条件，调整周围的环境，对学生进行教育和康复，以减少视力残疾带来的影响，提高学习效果，改善生活质量，使他们全面发展，更好地参与和融入社会。

1.综合康复课程性质

综合康复课程是通过综合的应用多种措施，减轻视力残疾造成的功能障碍，提高学生身心、社会功能水平的实践性、补偿性课程。本课程在盲校 1~3 年级开设，根据对学生能力水平和康复需求的评估，选择相应模块进行康复训练，以丰富学生的认知经验，促进多重感官的运用和发展，改善机体功能，初步学会生活自理，习得恰当行为，减少后续学习和生活中的困难。

2.综合康复课程基本理念

（1）保障学生的康复权

康复的目的是通过有效的措施，减轻视力残疾造成的功能障碍，使学生实现最大限度的自立，充分参与和融入社会生活。本课程的宗旨是在盲校开展综合性适应训练和康复服务，保障每个学生都享有康复权利。

（2）最大限度地减少功能障碍

视力残疾会使学生的认知、感知觉、运动的发展受限，从而在概念形成、行为习得、生活和学习技能等方面造成障碍。通过有目的、有计划的康复训练，借助适合的辅助技术，减少功能障碍，最大限度地开发学生的潜能。

（3）注重学生的个体差异，最大限度地满足他们特殊的康复需要

学生的特殊康复需要是设置综合康复课程的依据。课程必须以学生为本，注重学生的个体差异，肯定学生的个体价值，尊重学生的个体发展愿望，促进学生的可持续发展，使学生的特殊需要得到最大限度的满足，为他们的学习和生活打下基础。

（4）倡导康复与生活紧密结合

康复活动的形式应贴近学生生活，训练内容应注重与实际生活相结合，以密切联系学生生活的实际操作或个别化训练为载体，使学生在学习与生活中康复，在康复中学会学习与生活，更好地满足他们的特殊需要，提高生活质量。

（5）倡导综合康复，形成"四位一体"的开放性康复课程

本课程的实施以学校为主，重视与家庭、康复机构及社区的合作，做到学校康复与家庭康复、社区康复相结合，课堂康复与课外康复相结合，形成学校、家庭、康复机构与社区"四位一体"的康复体系。综合康复课程应在评估的基础上，确定学生的康复需求，根据不同地区、学校的实际情况，灵活选择康复模块和内容，注重与其他学科或其他学校活动的配合与衔接。

3.综合康复课程设计思路

综合康复课程注重学生的特殊性和差异性，坚持育人为本，从学生身心发展的特点出发设置课程的内容，开发潜能、补偿缺陷，提高学生的生活自理能力，促进身心健康

发展，为他们更好地适应学校和社会奠定基础，使他们自尊、自信、自强、自立。

综合康复课程遵循学生的身心发展规律，依照教育和康复原则，设置了认识初步、视觉康复、感知觉补偿、物理治疗、作业治疗和心理健康六个模块。认识初步模块主要是解决视力残疾造成的感知受限、生活经验缺乏等问题，帮助学生掌握基本概念、了解基本常识等；视觉康复模块和感知觉补偿模块主要是帮助学生更好地运用视、触、听、嗅等多重感官获取信息，由于视力残疾是学生的主要障碍，视觉功能的改善和提高是康复的重要内容，因此单独设置视觉康复模块；针对盲校学生身体姿态、运动功能、日常生活技能等方面的不足，设置了物理治疗和作业治疗模块；针对盲校 1 ～ 3 年级学生的心理发展特点和可能出现的问题，设置心理健康教育模块。模块的重要性不分先后，结合对学生能力水平和康复需求的评估结果，采取模块选修的形式。

实施建议对教学、评价、教师用书的编写及课程资源的开发和利用等提出了实施的原则、方法和策略，并为各地、各学校的灵活实施留有余地。

4.综合康复课程目标

（1）总目标

开发学生的潜能，补偿视觉缺陷，减轻或消除视力残疾给学生造成的影响；帮助学生形成热爱生活、乐观开朗、积极向上、诚信友善的人生观和价值观；引导学生积极、主动、愉快地参与各项教育和康复活动；促进学生机体功能的改善，提高生活自理能力，增强社会适应能力，使学生自尊、自信、自强、自立。

（2）模块目标

① 认识初步

建立基本概念，初步认识自我，熟悉学习、生活环境，认识自然和社会中常见的事物，为学习打下基础。

② 视觉康复

了解自身眼病及基本护理常识，学会使用适合自身的辅具，掌握视觉技能，能够使用基本的视觉补偿策略提高功能性视力。

③ 感知觉补偿

通过参与感知觉训练活动，发挥听觉、触觉和嗅觉的代偿功能，补偿视觉缺陷。

④ 物理治疗（PT）

通过利用治疗师手法和多种训练器材进行姿势矫正训练、粗大运动功能训练和感觉统合训练，改善不良姿势，增强运动能力，提高身体的平衡和协调能力，减少或避免日常生活和学习中的不良伤害。

⑤ 作业治疗（OT）

通过目的性和针对性的作业活动，强化上肢、手部的肌力，提高双手的协调性、灵活性、精细动作能力和日常生活技能。

⑥ 心理健康

通过科学有效的心理咨询和辅导，摆脱心理困扰，提高心理健康水平，培养健全的人格和良好的个性心理品质。

5.综合康复课程内容

① 认识初步

建立基本概念：建立初步的自我概念，建立基本的时间概念，建立常用的量的概念，建立初步的空间概念，建立简单的形状概念。

自我认知：掌握与自己相关的基本信息，了解自身常见疾病的预防手段；认识自身的异常状况，学会表达不适感；了解自身的优点、缺点及兴趣、特长，学会表达自己的爱好；能与他人愉快相处。

熟悉周围生活：熟悉周围人群；熟悉家庭及学校环境；认识交通工具，掌握基本交通常识；认识家庭、学校的不同场所，了解其功用。

认识自然：认识常见的家禽、家畜，认识常见的植物，认识常见的粮食、蔬菜、水果，认识常见的自然现象，具备初步的环保意识。

② 视觉康复

常见眼病的了解和护理：初步了解自身眼病的特点，了解自身眼病的基本护理方法。

常见辅具的应用：了解常用辅具的种类和特点，掌握适合自身辅具的使用方法，了解基本的辅具保养知识和保管方法。

视觉功能：包括视觉认知和视觉技能。a.视觉认知：认识光、色、形，初步具有视觉辨别能力，初步具有视觉记忆能力，初步具有视觉联想能力。b.视觉技能：初步具有视觉注意、固定注视、视觉辨别技能，能够进行简单的视觉搜寻、视觉跟踪、视觉追踪，掌握眼球中心注视、眼球运动等其他视觉技能。

③ 感知觉补偿

听觉技能：学会利用听觉进行辨别，学会利用听觉进行记忆，学会利用听觉进行理解。

触觉技能：学会利用触觉进行辨别，学会利用触觉进行记忆，学会利用触觉进行理解。

嗅觉技能：学会利用嗅觉进行辨别，学会利用嗅觉进行记忆，学会利用嗅觉进行理解。

④ 物理治疗（PT）

姿势矫正：了解不良姿势对身体的影响，认识优美体态的重要性；在日常生活和学习中采取正确的坐位、立位姿势；学习用正常步态和姿势行走；知道自己的刻板行为，愿意主动参与刻板行为的矫正。

粗大运动功能：强化肌力和身体耐力，加强翻身、起坐、爬行、跪位、跪行、单膝跪位、站立位等大运动的能力。

加强平衡和协调能力：改善双上肢的对称性，改善手眼的协调性，改善四肢的协调性，提高平衡能力和保护性伸展反应能力。

感觉统合：改善本体感觉和前庭感觉，提高平衡和协调能力。

理疗：缓解肌肉张力，提高肌肉的收缩能力；缓解或消除疼痛，预防运动损伤。

⑤ 作业治疗（OT）

上肢及手功能：强化上肢及手的肌力，提高双手精细动作能力，改善双手的灵活性和协调性，提高手眼协调能力。

日常生活技能：包括基础性日常生活技能、工具性日常生活技能，养成良好的生活习惯，掌握基本的交往技巧、生活策略和安全常识。

a.基础性日常生活技能：会使用碗、勺、筷子进餐，会洗碗筷；会打开水、倒开水；会正确如厕、冲厕；会洗漱、剪指甲；会穿脱衣服、鞋袜，系鞋带；会适时增减衣物；会辨别个人衣物；懂得着装的一般常识，穿着整洁；会整理衣服、叠被子、整理床铺。

b.工具性日常生活技能：会上街购物；会擦桌椅、扫地，会做简单家务，保持居室整洁；会洗小件衣物；会使用电话；会在成年人的指导下服用药物；会保管个人财物。

c.养成良好的生活习惯：知道饮食的重要性，适量、适时饮食；懂得餐前、便后洗手，定期洗澡，养成良好的卫生习惯；懂得定时换洗衣物；懂得按时作息，遵守学校的作息制度。

d.掌握基本的交往技巧：初步学会运用恰当的表情、姿态和语言进行表达；会向家人及朋友转告自己的情况，同时告知他人交谈时使用正常音量。

e.生活策略：明白视觉的限制，认识并接受限制；知道物品摆放应井然有序，物归原处；知道环境中色彩反差改变的意义和方法；利用和创设视觉、触觉、听觉等标志。

f.安全常识：掌握基本的自助、求助常识，初步具备安全使用常用生活工具和设备常识，初步具备安全用电常识，初步具备交通安全常识，初步具备消防安全常识，初步具备其他相关安全常识。

⑥ 心理健康

a.适应学习生活环境，有安全感和归属感，克服疑惧、焦虑、过分冲动等负性情绪。

b.遵守班级、学校、日常学习生活的基本规则，初步学会自我控制。

c.初步感受学习知识的乐趣，养成良好的学习习惯，克服学习中的困难，解决注意力不集中等问题。

d.培养礼貌友好的交往品质，乐于与教师、同学交往，矫正交往过程中胆怯、说谎等不良行为。

e.建立性别意识和性别认同，了解性别角色。

f.知道视力残疾对自身造成的影响，解决由此产生的自卑、悲观、消极等心理问题。

6.综合康复实施建议

（1）教学建议

① 充分认识课程价值，全面把握课程目标

综合康复课程是盲校低年级段特设的课程，应充分认识综合康复在学生发展中的基础性作用，全面把握课程目标，通过多种训练活动，促进学生全面康复。同时，结合综合康复课程内容和教学形式的特点，把学生情感、态度、价值观的培养渗透于康复训练的全过程，激发学生参与康复训练的兴趣，引导学生积极地参与康复，不仅要注重学生有形的康复成果，还要注重学生愉悦的康复体验。

② 重视学生的主体地位，注重康复训练方案的个别化

学生是康复的主体，在康复训练中，应以学生为中心，营造宽松、和谐、融洽的氛围和无障碍的环境，最大限度地发挥学生的主观能动性。在康复评估的基础上，结合学生的现状和发展目标确定其康复需要，制订个别化康复训练方案。同时，在现有课时安排的基础上，可根据学生的个体情况，适当增加课后训练，以保证康复效果。

③ 注重康复内容的生活化，康复训练形式的多样化

康复内容贴近于生活，康复训练融于生活，康复成果服务于生活。教师应从学生的日常生活中发掘有康复价值的训练内容，开展贴近学生生活的训练活动，把静态的康复模块融入学生的生活和学习中，把康复内容扩展到学生的整个生活空间。

康复训练可在课内完成，也可与适合的课外活动相配合。康复训练形式应多种多样，如采用游戏教学有效激发学生参与康复训练的兴趣和积极性；采用情境教学使学生增强体验，丰富感性认识。

④ 强调康复训练中的多方协作，共同参与

综合康复应渗透到学科教学、实践活动、班队活动和生活管理中，资源共享，相互促进；康复活动不仅在学校开展，也可在家庭、社区中进行。在康复过程中，应注重多方协作，即学校教师、康复专业人员、家长等共同参与到学生的康复训练中。

⑤ 具体建议

在认识初步模块教学中，教师应注重从学生已有的经验和实际认识水平出发选择教学内容，不应对学生的发展水平进行主观假设。教师还应充分利用实际学习生活中的情境、事件等资源进行随机教学。在教学过程中应尽量使用生动直观的语言，综合利用类比推理法、象征替代法、多重感官法等教学方法。

在视觉康复模块教学中，应依据学生视力残疾的类型和程度，结合不同的眼病特点，制订个别化康复计划。训练内容应注重与学生的学习、生活相结合。在教学过程中，可采用任务驱动法激发学生参与康复训练的动机和兴趣。鼓励和指导学生使用剩余视力，即使是极微弱的视力。

在感知觉补偿模块教学中，应充分利用音响设备、乐器、实物等多种媒介进行感知

觉训练，注重训练的趣味性和实用性。采用辨向、测距、追踪、搜寻等多种方法，进行听觉强化训练；结合学生的生活条件和经验，尽量多地选取不同质地的材料，采用辨认、分类等方法进行触觉强化训练；结合周围环境和实际生活场景，采用比较、匹配、组合等方法进行嗅觉强化训练。

在加强听、触、嗅觉康复训练的同时，应结合实际生活需要进行其他感知觉训练。在物理治疗模块教学中，应注重小组教学和个别化教学相结合。在运动训练过程中，应避免运动损伤和过度疲劳；在姿势矫正训练中，使用被动牵伸法、肌肉促通法、座椅矫正法等矫正不良姿势；在粗大运动功能训练中，采用被动运动、辅助运动和主动运动等形式提高其运动能力；在感统训练中，应根据评估结果，为学生制订有效的康复方案，选择适合的训练项目，改善感觉运动统合能力。此外，还应根据实际情况，利用常用的康复器材进行个别化训练。

在作业治疗模块教学中，应与学生进行有效的沟通，使学生充分理解训练的目标和内容，鼓励学生运用多重感官，增强训练体验。在教学过程中，使用示范教学、情境教学等方法，利用实物和多种康复器具来提高训练效果。在上肢和手指训练中，应注重学生姿势的正确性和对称性；在日常生活技能训练中，应把学生急需的生活技能作为优先训练的内容，注重将一个生活课题分阶段、分步骤进行。在心理健康模块教学中，应遵循学生的心理特点，充分考虑学生的家庭背景、成长环境等因素，及时发现学生在生活和学习过程中的问题并进行辅导，注重心理健康教育与学科教学的相互渗透，将团体辅导和个别辅导相结合。

（2）评价建议

综合康复课程的评价目的在于对学生的康复需求做出判断和解释，获得康复效果的反馈信息，帮助教师改进康复训练的方法和手段，激励学生最大限度地参与康复，提高康复训练的效果。评价应根据课程目标与学生的实际情况，整体设计评价内容，全面反映学生的学习经历和成长轨迹，提高学生的综合素质。评价内容包括对学生的身心特征、发展水平、康复效果及存在问题的康复评估，也包括对学生在康复过程中的态度、情感、行为表现等的教育评价。

① 评价原则

注重初评、中评和后评相结合。初评主要评估学生原有的发展水平和特殊需求，为制订康复训练方案提供依据；中评主要对康复训练效果进行阶段性评估，检查现有的训练计划是否适宜并做出相应的调整；后评主要考查学生康复训练目标的实现程度，检验和改进训练方案，为后续的康复训练奠定基础。评价应当是发展性的，并贯穿康复活动的全过程。

注重综合评估和专项评估相结合。由于学生之间存在个体差异，因此既要对学生进行综合全面的评估；又要在此基础上，根据学生现阶段最迫切的康复需求进行有针对性的评估。注重专业评估和生活化的评估相结合。既可以由专业人员运用专业手段、方法对学生各方面的康复需求进行评估，也倡导教师、家长和社区人员对学生实际生活中的康复情况进行评估。注重学生在康复过程中知识和技能的习得，如眼病常识、辅具种类认识、康复器械使用技能等。注重学生在康复过程中康复意识的培养、良好康复习惯的形成，以及观察、思考、表达能力的提高。注重学生情感、态度、行为等方面的表现，如在康复过程中的情绪表现、信心和意志力、交往能力与合作意识等。

②评价方法

本课程倡导的评价方法有以下三种：

观察法。对学生在康复活动中的各种表现进行有目的、有计划的观察和记录，以此对学生进行综合评价。观察应在学生自然、放松的情境中进行，以获得真实可靠的信息。

测试法。通过一系列的程序对学生的某一方面或某些方面的表现进行测量，既包括运用专业量表进行的标准化测试，也包括康复教师根据自身经验和对学生的了解编制的非标准化测试。

访谈法。通过与学生、家人和相关教师的交谈，了解学生在家庭、校内与社区中情绪、行为等各方面的情况，获得学生康复需求和康复效果的有关信息。

成长资料袋法。建立综合、完善、动态的成长资料袋，收集学生成长过程中的各种资料，了解学生的发展状况，从而纵向地、持续跟踪地评价康复效果。

综合康复课程实施中，应充分发挥评价在反馈、诊断、激励、甄别、导向等方面的功能，采用多主体、开放性的评价。评价不应用一个标准尺度去评价所有学生，而应从每一个学生的原有基础出发，纵向比较，关注个体自身的发展。

（3）教师用书编写建议

根据国家有关规定，综合康复课程在盲校 1～3 年级开设，以康复训练为主要内容。为了更好地指导教师的综合康复教学，教师用书的编写需遵循以下原则：

①科学性原则

教师用书的编写以本标准为主要依据。教师用书内容的选择与组织要围绕各个模块进行，各模块的内容与方法要符合本模块康复训练的基本规律。康复内容的安排与呈现顺序应注重学生的视觉特点，遵循学生的身心发展规律，激发学生参与康复训练的兴趣。

②综合性原则

教师用书的编写应体现综合性，注意各模块内容之间的联系与整合，指导教师根据学生的实际需求设计综合性康复训练方案，通过一项活动达到多样化的康复目标。内容尽可能全面具体，满足每一个学生的康复需要。

③可操作性原则

教师用书的内容应包含教学建议、评估方法、训练方案、活动方式、活动材料、辅助材料和常用康复器具的使用说明等。选用图像与文字相结合的呈现方式，便于教师设计和实施符合学生康复需求的教学活动。

④ 开放性原则

教师用书应关注学生的现实生活，选择贴近生活、有意义的康复内容。充分考虑不同地区经济、文化、教育发展水平的差异，精选基础、易行、大多数地区和学校经过努力可以实现的内容。要为不同地区的多样化需要，为地方和学校创造性地使用教师用书留出空间。

（4）课程资源的开发与利用建议

综合康复课程涉及"认识初步""视觉康复""感知觉补偿""物理治疗""作业治疗""心理健康"6个方面。本课程是盲校特有的，学校和教师应树立浓厚的课程资源开发与利用的意识，充分发挥教师的创造性，借助各种社会资源，通过多种途径，开发和利用各种课程资源，以利于本课程目标的实现。

校内课程资源的开发及利用。例如，教师用书、音像材料、标本、模型、图片，辅助器具，康复器材，学校的各种设施、教学或教育活动，学生、教师的经验、兴趣、特长，等等。学生的康复训练需要配备相应的设备，因此本课程应注重康复器具的开发和使用。这些器具可购买、租借、自制，根据学校的情况和学生的需求，在充分利用学校现有设施设备的基础上，可以按计划、按年度逐步增配各类康复资料和训练器材。本课程的实施还需要配备适宜的康复训练场地，如视功能训练室、物理治疗室、作业治疗室、多感官刺激训练室等，学校应努力创造条件，为综合康复课程提供保障。

校外课程资源的开发和利用。例如，科技、文化资源，动植物，自然现象，民族特色、风俗文化，等等。充分认识学校周围环境的价值，挖掘社区及家庭中的各种资源。有条件的学校可与医疗康复机构、残疾人康复中心、普通学校、社区等共建综合康复场所。发挥医疗康复专家的引领作用，与志愿者、社会各界人士和家庭等方面形成合力。

特别需要指出的是，综合康复课程是一门综合性、专业性很强的特殊课程，涉及多领域的康复知识和技能，学校应配备专业的康复人员，形成由康复人员、学校教工等组成的康复团队。学校应重视与医疗康复机构进行合作，共同参与评估和诊断，制订个别化康复训练计划，建立团队人员间的研讨沟通机制，定期召开会议，商讨计划的执行和阶段性评估情况。学校应支持康复人员的教育培训，不断提升团队的专业水平。

二、盲校教学

（一）盲校教学目标

盲校培养目标既有与普通学校儿童相同的教育目标，也有其自身的特殊教育目标。我国1993年颁布的《全日制盲校课程计划》指出，盲校培养总目标是"遵循教育必须为社会主义建设服务，社会主义建设必须依靠教育的指导思想，贯彻国家保障残疾儿童受教育权利的要求，从视觉障碍儿童的身心特点出发，使他们在德、智、体、美、劳诸方面都得到发展，成为有理想、有道德、有文化、有纪律的社会主义公民"。

盲校小学阶段的教育目标是：使学生具有爱祖国、爱人民、爱劳动、爱科学、爱社会主义等思想品德，有良好的行为习惯和初步分辨是非的能力，并培养乐观开朗、热爱生活、奋发向上的精神；使学生具有阅读、表达、计算的基本能力，学到一些自然知识和社会知识，养成良好的学习习惯，培养观察思考和动手能力，发展学生的智力；使学生具有健康的身体，动作协调，姿态正确，培养空间定向能力，懂得初步的体育卫生常识，养成锻炼身体和讲卫生的良好习惯；通过各项教育活动，培养学生的情趣和审美的能力；使学生具有初步的自我服务的能力。

盲校初中阶段的教育目标是：使学生热爱中国共产党，热爱社会主义祖国，初步树立为人民服务的思想，立志为社会主义现代化建设献身，具有社会主义思想道德品质和良好的习惯，具有一定的辨别是非和抵制不良影响的能力，积极进取，热爱生活，具有自尊、自信、自强、自立的精神。

（二）盲校教学原则

1.缺陷补偿与潜能开发相结合原则

缺陷补偿是指通过各种途径在不同程度和范围内调动机体潜能，弥补、代偿损伤组织和器官的功能。缺陷补偿不是静止的瞬间状态，而是一种动态的变化和发展过程。缺陷补偿的实现，除了受制于儿童内在因素外，还受制于外在环境、科学技术的发展水平、教育的有效性等因素。2007年《盲校义务教育课程设置实验方案》指出，要"促进视力残疾学生全面发展，尊重个性发展，开发各种潜能，补偿视觉缺陷，克服残疾带来的种种困难，适应现代生活需要"，提出了"开发潜能，补偿缺陷"的新理念。开发潜能和补偿缺陷同样重要。潜能开发，即教师需要寻找儿童的兴趣、爱好、特长，并积极地引导、教育，使得儿童具备一技之长。教师要善于抓住盲童的兴趣点，有意识地进行教育和培养。在盲校教学中，必须坚持缺陷补偿与潜能开发相结合的原则。

2.重视语言指导的原则

盲生不能像正常儿童那样瞬间获得事物的完整印象。盲生的感知经验常常不完整，有时甚至是错误的。因此，必须通过语言加以组织，给予指导，才能对事物形成完整的形象及特征的认识，进而形成概念。因此，盲校教学，教师必须坚持语言指导的原则。教师要重视语言指导的作用，要善于用准确、形象、生动、科学的语言讲授知识，指导活动和技能的训练。

3.实用性原则

实用性原则是指盲校的教学必须注意结合盲生的认知特点，结合盲生毕业后可能从事的职业的实际以及盲生本人兴趣爱好的实际，选择盲生应具备的基本知识和基本技能进行讲授和训练，使他们在有限的学习年限中，掌握更多的实用本领。1987年颁布的《全日制盲校小学教学计划》中开设了"认识初步""生活指导"两门盲校特色课程，将视觉障碍儿童的生活技能教学纳入国家正式课程当中。2007年颁布的《盲校义务教育课程设置实验方案》中，"信息技术应用""综合实践活动"等课程占据所有课程的15.1%，仅次于语文和数学课程所占的百分比。因此，实践性原则是盲校教学十分重要的原则，它不仅针对盲生发生作用，同时它也要求教师提供尽可能多的实践机会，利用各种场合和机会自如地进行教学工作。

4. 早期教育原则

早期教育原则，即应该尽早地抓住时机，对特殊儿童进行早期诊断、早期教育和早期干预与训练。视觉障碍儿童的早期教育，应从婴幼儿时期就进行，并适用于义务教育以及职业教育等各个阶段，同时该原则也适用于其他类型的障碍儿童。贯彻早期教育原则，首先要做到早期诊断，看其是属于先天性盲还是后天性盲，是属于盲还是低视力，以及处于哪个级别的盲或低视力等。这些诊断有助于教育干预、康复方法的制定和教育教学目标的调整，以及不同程度和范围的功能性训练，有助于实现视觉障碍儿童的缺陷补偿和潜能开发。

（三）盲校教学方法

盲校教学方法有与普通学校相同的教学方法，也有不同于普通学校的教学方法。普通学校的教学方法，如讲授法、说话法、练习法、讨论法、复习法等经过适当调整可适用于盲校的教学。另外，根据盲童的身心特点，盲校教学又有其特殊的方法，如凸线图示法、听读法、多重感官刺激法、类比推理法等。

1. 听读法

听读法是指利用录音带、磁带或计算机软件将各类教材及课外读物制成有声教材，以代替点字书籍和大字课本。听读法对于还未掌握盲文及文字的盲童或半路失明的盲人特别有用。在美国及西方特殊教育发达的国家，许多盲童主要依靠听读法来学习。目前，我国盲校的盲童还大多依靠摸读盲文或阅读大字课本来学习。如何大力推广有声读物的使用是今后我国盲童教育的一个课题。

2. 多重感官刺激法

多重感官刺激法是指在教学中同时提供多种感官刺激，即使盲童充分发挥各感官，如残余视觉、听觉、触觉、嗅觉、味觉等的能动作用，以获得较完整的事物的概念。例如，在教授"苹果"这个词时，老师除了对苹果的形状、颜色、种类、气味、味道等有关知识做介绍外（听觉刺激），还要让有残余视觉的盲童仔细观看苹果的形状、颜色（视觉刺激），让其触摸苹果的形状、硬度、温度、掂掂重量（触觉刺激），闻一闻苹果的气味（嗅觉刺激），并尝一尝苹果的味道（味觉刺激），使盲生对苹果有一个综合的认识，从而建立起较完整的关于苹果的概念。研究表明，视觉、听觉和触觉综合使用，能更好地发挥认知的功能。多重感官刺激法虽然不失为一个良好的教学方法，但对神经不健全的盲童来说，则需要慎重使用，要考虑他们承受刺激的能力，以免出现超载现象，造成不良后果。

3. 类比推理法

类比推理法是运用已熟悉的或用其他感觉能够感受的类似事物，进行比较推理，使他们认识事物的方法。盲童学习主要依赖于听觉和触觉，而听觉、触觉同视觉通道比起来有其局限性。对于太大的东西如山、湖等及太小的东西如蚂蚁、昆虫等，在现实生活中是很难触摸到的，仅依靠语言描述是很难理解的。因此，如能让视力残疾儿童在触摸与之类似的物体的基础上，再触摸物体的模型，通过对两者的异同进行比较，能够使视力残疾儿童获得较为具体形象的感受。

4. 凸线图示法

凸线图示法是一种变视觉感受途径为触觉感受途径的教学方法。它将盲童无法感知的平面图形、图表、图案，经过特殊的加工处理，变为盲童可以利用触觉感知的凸起图形，便于他们摸识与理解。科学技术的飞速发展为凸线图示法的使用提供了极大的便利。例如，触觉想象增强机能使画在一种特殊的塑纸上的平面图形变成凸起花纹的触觉图像，不仅为盲童学习地理、数学等一般课程提供了便利，而且也为盲童学习绘画提供了可能。

（四）盲文教学

盲文，又称为点字、凸字，是专为盲人设计、靠触觉感知的文字。通过点字板、点字机、点字打印机等在纸张上制作出不同组合的凸点而组成，一般每一个方块的点字由六点组成。它是法国盲人路易·布莱尔于1829年创造的，故国际上通称盲文为布莱尔（Braille）。

在我国，2010年通用盲文的研究被列为国家语委、中国残联"十二五"科研规划年度重大项目，研究的主要任务是充分吸收中外现有盲文的优点，调整现行盲文标调规则，实现全面标调，并通过简写减少了篇幅。2018年5月，《国家通用盲文方案》发布。2018年7月1日，《国家通用盲文方案》实施。《国家通用盲文方案》规定了盲文书写国家通用语言的规则。《国家通用盲文方案》沿用了现行盲文的声母、韵母、声调和标点符号，没有改变、删减或增加任何一个符号，只是完善了现行盲文标调规则，规范了声调符号的用法，是对现行盲文的继承和发展。《国家通用盲文方案》呈现出新旧衔接、读音准确、省时省力、利于信息化等特点。《国家通用盲文方案》的发布，是对国家通用语言的丰富和补充，是对视力残疾人使用盲文的语言权利的保障；为他们平等充分参与社会生活，共享全面建成小康社会的发展成果提供便利，这是中国盲文规范化工作的重要成果和一个新的里程碑，为今后的应用推广、基础研究、人才培养、学科建设、社会服务等奠定了坚实基础，将进一步加快盲文规范化进程，极大地促进了视力残疾人文化教育事业的繁荣与发展。

（五）定向行走训练

1. 定向行走的含义

盲人定向是指盲人运用各种感官和参照物，确定自己在环境中所在的位置。其技巧是利用环境中的各种信息帮助盲人确定自己所处的位置。盲人行走是指人的两脚交替向前移动或从一个地方独立、安全、有效和文雅地移动到另一个地方。其方法主要有明眼人带路、独自行走及使用盲杖等。

盲人在环境中若不能定向，就像在大海中迷失方向一样，但是有了良好的定向能力而不能安全行走，也无法到达目的地。二者是相辅相成的，只有二者都会，才能使盲人顺利到达目的地。

2. 盲人定向行走的方式

盲人行走的方式主要有独自行走方式、跟踪行走方式、人导方式、盲杖方式、动物导盲方式、电子导盲方式等。

（1）独自行走

盲人在熟悉的环境里可以不必借助盲杖或明眼人的带领，而独自行走。独走技巧是盲人生活以及走出家门的第一个必修技巧。

（2）跟踪行走

盲人在过道行走时，为了不迷失方向，可沿墙、桌子或其他物品的边跟踪行走。跟踪行走时，要注意运用上部保护、下部保护的方法。在行走之前要利用平行矫正、垂直矫正的方法来矫正前进的方向。

（3）他人导盲

他人导盲方式，又称为人导法。一般明眼人与盲人同行时往往会感到不知如何带领。不是照顾不到，就是照顾过分。盲人有时也感到不愉快。所以明眼人带领盲人时应掌握一些特殊的技巧。正确使用这些技巧，能使盲人安全容易地与明眼人共同行走。盲人在运用此方式时，重要的是盲人会指导明眼人如何去带他。

（4）盲杖导盲

盲杖是用来帮助盲人行走的工具，而且就目前来讲，是最普遍、最便宜的辅助工具。使用盲杖可以帮助盲人探索周围环境的情况，保护身体免于碰伤。使用盲杖不仅要握牢，而且要讲究姿势自然美观而不易疲劳。盲杖可以是特制的标准盲杖，在农村也可以是一根木棍或竹竿。长度最好是由地面到腰和肩连线中间的长度。

（5）电子导盲

电子导盲方式常用的电子导盲辅助器具有激光手杖等。光学技术可以用于探测物体的存在和测量距离，这些技术包括使用激光和红外光源来反射周围的物体。

（6）动物导盲

动物导盲以向导犬导盲为主，是指盲人借助受过特殊训练的向导犬定向行走的一种方式。用狗带路由来已久。有的学者根据历代绘画所反映的情境，认为早在公元 79 年盲人即开始用狗导路。但是，有计划地把狗训练成导盲犬则始于第二次世界大战以后。目前，美国有多所训练盲人向导犬的学校，我国有 5 所导盲犬培训机构，分别位于大连、上海、广州、西安和郑州。国际上规定，一个国家只有 1% 以上的盲人使用导盲犬时，才能称为导盲犬普及。

（六）盲校学科教学建议

2016 年，教育部颁布了《盲校义务教育课程标准》，出台了包括品德与生活、品德与社会、思想品德、历史、地理、生物学、物理、化学、语文、数学、英语、体育与健康、信息技术、美工、音乐、综合康复、定向行为、社会适应 18 门课程的课程标准，提出了这 18 门学科课程的教学建议。这些学科的教学建议如下：

1.品德与生活

准确理解本课程的性质、特征和基本理念；全面把握课程目标；正确认识教师的角色和作用；把了解学生作为教学的基础；以活动为教与学的基本形式。

2.品德与社会

整体把握课程目标和教学目标的关系；通过创设多样化情境丰富和提升学生的生活经验；引导学生自主学习；因地制宜地拓展教学时空；有效组织适宜的教学活动：（1）体验学习。体验学习是学习者通过身体的各种感官进行学习的一种方式。其重要价值不在于学会某种操作方式、获得某种技能，而在于每个人在活动中获得真实感受，这种内心体验是形成认识、转化行为能力的原动力。体验学习大体可以分为直接体验和间接体验两种。（2）探究学习。探究学习是在学生主动参与的前提下，根据自己的猜想或假设，对问题进行探究，在探究过程中获得创新实践能力、思维发展，自主构建知识体系的一种学习方式。探究学习重点强调通过探索性活动，使学生获得探求知识的学习方式，形成科学态度。对学生来说，探讨和把握获得探求结论的方式和途径，比学习和记忆知识结论更有价值。探究学习包括发现问题，设立假说，收集信息、资料、数据，处理数据，验证假说等步骤，整个过程必须给学生留下思维和行动的空间，不能将过程和答案直接呈现给学生。探究学习经常需要经历和体验失败，最终结果的有无、正确与否，不是评价活动是否成功的重要依据。（3）问题解决学习。问题解决学习是使学生直接面对实际问题，学习、研究并尝试提出某种解释问题或解决问题方案的学习方式。问题解决学习的目的，在于使学生在寻求解决或解释某个具体的社会问题的过程中，学会综合地、关联地、多角度地、切合实际地分析和思考问题的一般方法，形成关心社会的态度和参与社会生活的行为方式。问题解决学习没有固定的学习步骤，而是针对社会生活中的某种现象或实例，通过提出问题、查询资料、访问调查，提出合理、有针对性的解决方案。（4）小组学习。小组学习是调动所有学生参与学习，培养合作交流能力和民主意识的途径，提供了开展探究学习所必需的交流平台。小组有多种组合方式，要根据学习任务采用不同的分组方式，既可以座位相邻或同一寝室的学生组成小组，也可以根据视力残疾的不同程度来分组，还可以把兴趣相同或任务相同的学生组成小组，应特别重视不同特长、性格、学习兴趣和成绩的学生混编为一组。小组成员的人数不宜过多，以 3 ~ 5 人为佳。教师应关注学习有困难的学生和人际交往能力较弱的学生，帮助他们融入小组学习，同时指导其他学生接纳和帮助这些同学。教师应指导小组成员进行合理分工、平等讨论，并让每个学生轮流担任组长，负责组织小组的活动、交流和汇报，使小组学习成为学生提升民主平等意识与合作交往能力的过程。

3. 思想品德

准确把握课程性质，全面落实课程目标；强调与生活实际以及与其他课程的联系；创造性地使用教材，优化教学过程；注重初中学生的情感体验和道德实践；引导学生学会学习。

4. 历史

坚持正确的思想导向和价值判断；激发学生的历史学习兴趣；注重对基本史实进行必要的讲述；引导学生学会学习，学会思考；注意历史知识多领域、多层次的联系；提倡多样化的教学方式、方法和手段；注重培养学生的创新意识和实践能力；尊重个体差异，注重个别化教学；重视学生的潜能开发和缺陷补偿。

5. 地理

突出地理事物的空间差异和空间联系；选择多种多样的地理教学方式方法；重视地理信息载体的运用；关注创新意识和实践能力的培养。

6. 生物学

提高贯彻课程目标的自觉性；引导并组织学生进行探究性学习；关注重要概念的学习；加强和完善生物学实验教学；落实科学、技术和社会相互关系的教育；注重潜能开发和缺陷补偿；倡导分类分层教学。

7. 物理

注重学生多重感官学习，实施分类分层教学；重视科学探究式教学；发挥实验在物理教学中的重要作用；在科学内容教学中注意落实三维课程目标；加强物理学与生产、生活的联系。

8. 化学

充分认识学生学习化学的重要性；科学设计教学目标，全面发展学生科学素养；注意贴近学生的生活，联系社会实际；精心组织实验活动，重视实验教学；优化课堂教学过程,提高课堂教学的有效性和针对性;积极进行教学反思与研究,促进教师专业化发展。

9. 语文

充分发挥师生双方在教学中的主动性和创造性；教学中注重潜能开发和缺陷补偿相

结合；教学中努力体现语文的实践性和综合性；重视情感、态度、价值观的正确导向；
重视培养学生的创新精神和实践能力。

10. 数学

数学教学活动要注重课程目标的整体实现；重视学生在学习活动中的主体地位；注
重学生对基础知识、基本技能的理解和掌握；感悟数学思想，积累数学活动经验；关
注学生情感态度的发展；合理把握"综合与实践"的实施。教学中应当注意以下四种关
系：（1）面向全体学生与关注学生个体差异的关系；（2）"预设"与"生成"的关系；
（3）合情推理与演绎推理的关系；（4）使用现代信息技术与教学手段多样化的关系。
教学中应当注意以下六个问题：（1）盲文数学符号的教学问题；（2）数学触摸图的教
学问题；（3）珠算代替笔算的教学问题；（4）教具、学具辅助教学问题；（5）调动
学生多重感官参与学习的问题；（6）数学课堂中分类教学的问题。

11. 英语

以学生为主体，为每个学生学习英语奠定基础；注重语言实践，培养学生的语言运
用能力；根据学生的特点，拓展学用渠道；加强学习策略指导，培养学生的自主学习能
力；实施缺陷补偿，提高学习效率。

12. 体育与健康

（1）设置学习目标的建议：在目标多元的基础上有所侧重。体育与健康课程的学
习目标应充分；细化本标准提出的课程目标；目标难度适宜。

（2）选择和设计教学内容的建议：体现"目标引领内容"的思想；符合视力残疾
学生的身心发展特点；充分考虑学生的运动兴趣与需求；适合教学实际条件；重视健康
教育。

（3）选择与运用教学方法的建议：应有利于促进视力残疾学生体育与健康的知识
与技能、过程与方法、情感态度与价值观的整体发展，充分发挥体育促进学生潜能开发、
缺陷补偿和社会适应等方面的重要作用；应针对不同水平和不同身体条件学生的身心发
展特点，遵循不同内容的教学规律与要求，开展有针对性和实效性的教法与学法创新，
调动学生体育与健康学习的积极性；应创设民主、和谐的体育与健康的教学情境，有效
运用自主学习、合作学习、探究学习与传授式教学等方法，引导学生在体育活动中，通
过体验、思考、探索、交流等方式获得体育与健康的基础知识、基本技能和方法，培养
应对问题、自我锻炼、交往合作等能力，开展富有个性的学习，不断丰富体育活动经验，
学会体育学习和锻炼；应在运动技能教学的同时，安排一定的时间，选择简便有效的练
习内容，采用多种多样的方法，发展学生的体能；应在教学方法上重视语言指导，增进
学生对动作的理解，加强动作示范，帮助学生理解动作的要领，充分利用多种感觉器官
的代偿作用，如采用触摸、声音信号引导等方法帮助学生更好地掌握知识；应高度重视
学生之间的个体差异，实施分类分层分组教学，做到区别对待、因材施教，特别要关注

多重残疾的学生，有针对性地采用相应的教学方法，制订个别化教学计划，促进每一位学生更好地发展。

13. 信息技术

合理选用并探索新的教学方法与教学模式；从培养兴趣入手，营造有利于学生自主创新的学习氛围；从问题解决出发，让学生亲历处理信息、开展交流、相互合作的过程；关注学生生理差异和认知特点的不同，鼓励个性化发展；培养学生对信息技术发展的适应能力。

14. 美工

坚持面向全体视障学生的教学观；积极探索有针对性的方法手段；营造激发学生潜能的学习氛围；多为学生提供感悟美工作品的机会；培养学生积极向上的人生态度。

15. 音乐

遵循听觉艺术的感知规律，突出音乐学科的特点；重视教学目标的设计与整合；注意音乐教学各领域之间的有机联系；正确处理教学中的各种关系；积极引导学生进行音乐实践活动；合理运用现代教育技术手段；体现盲校音乐教学的特殊性；因地制宜地实施本标准。

16. 综合康复

充分认识课程价值，全面把握课程目标；重视学生的主体地位，注重康复训练方案的个别化；重视康复内容的生活化、康复训练形式的多样化；强调康复训练中的多方协作、共同参与。

17. 定向行走

（1）教学目标的建议：全面把握课程目标；细化具体教学目标。

（2）教学内容的建议：教学内容的选择和设计要符合学生身心发展的特点，充分考虑不同年龄阶段、不同视力残疾程度学生的学习需求，选择和设计难度适当的教学内容，提高教学内容的适应性；教学内容的选择和设计要考虑当地环境、地形、地貌、交通、气候等方面的因素，选择和设计学生现实生活所需要的教学内容，提高教学内容的针对性。

（3）教学方法的建议：充分利用学生已有的定向行走实践经验；合理利用现实环境进行教学；注重调动学生多种感官参与学习。对于无光感的学生，教师必须充分考虑利用其本体觉、前庭觉、听觉、皮肤觉、嗅觉等感知周围环境，使学生能安全、有效地定向行走；对于有剩余视力的学生，教师要充分利用学生剩余视觉分辨环境的明暗、颜色、物体形状等，还可考虑使用远用、近用助视器，并配合盲杖进行训练。重视个体差异，实行分类分层教学。由于学生的基础、接受能力及需求不同，在进行集体教学、小组教学的同时，要开展个别化训练。特别要关注认知水平和实践能力相对薄弱的学生，给他们更多的指导和帮助。开展合作性学习。在教学过程中，发挥学生在学习中的主体作用，为学生提供交流、讨论的合作学习机会，使不同类型的学生互相取长补短共同进步。加强直观教学，帮助学生形成正确概念。教师要充分利用现有的或自制的教具学具，如盲杖、触觉地图、语音指南针、电子导盲设备、钟表模型、盲尺、助视器等，让学生感知和形成相应的概念，发展学生的思维能力。

18. 社会适应

准确把握课程的性质与目标；注重满足学生的特殊需求和个别需求；突出社会适应课程的综合性和活动性；通过情境教学提升学生的社会适应能力。

第四节　自闭症学校的课程与教学

一、自闭症学校的课程

自闭症学校教育的课程主要参考国内外自闭症儿童教育与训练的课程，如世界著名的自闭症教育课程：美国洛瓦斯（Lovaas）研发的以行为学派为基础的教育课程和北卡罗来纳大学夏陪乐（Schopler）研发的自闭症及有沟通障碍儿童的训练与教育课程等。另外，还结合我国的实际，借鉴培智学校的部分课程，开发了适合自闭症儿童和教育机构自身特点的校本课程。下面主要介绍以下四种主要的课程模式供大家参考。

（一）行为主义课程

洛瓦斯从 1964 开始，在美国加州大学洛杉矶分校领导"幼儿自闭症计划"，这个计划主要发展重度障碍儿童的教材教法，课程名称为"我的书"，希望借由这个课程，使重度障碍儿童越来越独立，成为一个有"我"的个体。此套课程主要运用行为学派的教学原理来教育自闭症儿童，将儿童所要学习的行为目标分解成几个小步骤，然后让学生逐一练习每个步骤，直到精熟为止。洛瓦斯将课程分成六大部分，并配有教学录像带，这六大部分的内容是：学习准备；模仿、配对和早期语言；基本自助技巧；中级语言；高级语言；扩大儿童世界。

（二）结构化课程

夏陪乐于 1966 年开始在美国北卡罗来纳大学研发自闭症儿童的教学课程。北卡罗来纳州政府于 1972 年提供经费成立"自闭症和相关沟通障碍儿童治疗与教育"部门，来帮助北卡罗来纳州的自闭症儿童。这个课程的主要特征是强调"结构化教学"以及视觉线索对自闭症儿童学习的重要性，主张自闭症儿童学习活动的地方要有视觉清楚的区域或界限，要用视觉清楚的时间表让学生知道活动的发生顺序，让学生可以预期哪个活动将要开始和结束。

（三）个别化课程

自闭症儿童与其他儿童一样具有享受教育、接受教育的正当权利，那种因自闭症儿童有行为障碍和语言障碍，便以"难以教育"为借口，剥夺他们就学权利的行为，是一种严重的差别歧视和人权侵犯行为。但是对于自闭症儿童的教育不同于正常儿童，也不同于智残、肢残等其他障碍儿童的特殊教育。目前，对自闭症儿童的教育主要使用一种个别化的教育辅导技术。

个别化是指在高度结构化的教育过程中，结合日常生活经验，为实现教育目标而制定的针对个别儿童的教育和辅导。个别化原则有三条：一是确定对孩子培养的方向，并以家庭和学校生活的适应为主；二是对自闭症孩子学习能力的评价和学习过程的指导，设定在"萌芽反应"范围内；三是教育目标的完成应立足于理论联系实际，以及自闭症孩子将来的自主发展与生活自立方面。个别化教育的教育精神和技术运用要点如下：

1. 选择最优化的课程

选择最优化课程，首要的课题是培养自闭症儿童在家庭中和在教室里的适应行为。这些适应行为有：学会等待；点名时有反应；学会整理自己的学习用品；能和老师同学进行一定的接触，如握手等。第二项课题是技能的迁移，自闭症儿童的迁移能力比较差，如他们学会向某个老师问好以后，仍不会向其他老师问好。因而这也是需要反复培养的。

2. 从萌芽反应学习入手

儿童对于教师所给予的某个学习课题，能在某种程度上大致理解，但不能正确完成，这一状态在教育训练中就被称为"萌芽反应"。在自闭症儿童的教育中，首先要了解哪些内容对他们来说是"真的不行"，哪些只是"不理解"而已。如果真的不会做，就不要再教了。如果硬要他们做，把正常儿童的课程用于自闭症的儿童，则他们会出现情绪障碍，如手舞足蹈、奇怪地尖叫、自伤、多动等。这里的"不会做"是行为技能层面上的，而"不理解"所导致的"不愿做"是一种心理认知障碍。所以在自闭症儿童的教育中，先要了解什么是其会做的，在会做的当中，只要他们有"萌芽反应"就可以了。教师要多鼓励、多称赞。

3. 依长远目标确定学习内容

对自闭症儿童来说，具有共性的学习内容主要包括以下六个方面：（1）语言和人际交流能力，如简单的会话和传意表情。（2）适应性的技术和行为，例如如何看红绿黄信号灯过马路、如何在超市购物等，这些行为技术是在今后的社会生活中所必需的，因而要反复训练。（3）自助能力和责任义务。要让自闭症儿童明白，在其一生中大的事情要由自己来完成，懂得长大后自己所要承担的责任、义务。（4）认知能力，如比较事物大小、分类，以及知道钱的多少等。（5）运动能力。精细运动，如游戏棒、弹子球等。粗大运动，如足球、篮球、游泳等。与伙伴协同游戏以及在运动中确保自身的安全。为今后从事职业工作打下身体协调性基础。（6）作业的能力。如集中注意力；整理学习用具，整理笔记；懂得做事的顺序，养成独立完成作业的习惯。在上述的课程中，知识的灌输并非主要目标，其重点是放在学习适应性行为上，以培养其生活能力，促进其认知发展。这样的课程被称为生活化的课程。在教学过程中，必须注意把简单的学习活动同困难的学习活动相结合、愉快的学习内容同枯燥的学习内容相结合，同时还要做到动静结合。要激发自闭症儿童的学习动机，并注意哪些是他们所喜欢的、哪些是他们不喜欢的，对于他们所讨厌的课程不要强加。自闭症儿童的教育不在于补缺，而在于开发其长处。

4. 科学选择交流方法

大多数自闭症儿童的视觉记忆力较强，因此在教学过程中要尽量使用幻灯、投影、录像等仪器进行多媒体教学，使教学内容能够形象化、视觉化。对自闭症儿童与正常人之间的交流辅导，不是要求自闭症儿童去学习正常人的交流方式，而是正常人要去理解自闭症儿童的信号，积极与他们沟通。

一般的人际交流技术或方法：一是向他人要求的技能。在向别人要求时，语法和词汇不必正确，但语气、眼神、表情和动作却要注意对方；二是具有在环境中搜索自己想要的信息的能力，即破译或阅读、解读周围环境的能力；三是提供给他人信息的技能；四是接受或发出指示命令的技巧；五是和人接触、打招呼，以及与社会接触时找到自己的第一印象等。

对一些没有语言或语言有障碍的自闭症儿童，可运用"代替式"交流方法：一是物物交换的方式。例如，在孩子面前放一个杯子，把橘子水拿出来给孩子看，若孩子喝水，他得把杯子拿出来，父母要装作不知道孩子口渴，必须耐心等待儿童做出动作。当反馈动作形成后，还要给孩子一定的奖品，鼓励他的交换行为。二是利用图画卡片进行交流。这是一种意志和欲求的交流。例如，让孩子记忆电话号码，当孩子完成某一任务后，要求孩子从信封袋里抽取一张卡片，卡片上的内容可以是游戏，可以是活动，也可以是食品，孩子选哪张卡片就给予那张卡片上的奖励。三是利用事物系统中的标志性语言或关键词。对自闭症儿童应降低完成任务的要求，只要孩子把一句话中的标志性语言讲出来就算正确。

（四）义务教育学校课程

过去福建省自闭症儿童大多数在培智学校的班级就读。现在有些地方开始成立自闭症儿童班级，有些地方开始建立自闭症儿童学校。自闭症儿童教育的课程设置，各地方主要是在参考培智学校课程设置的基础上制定的。

根据调查了解的情况，福建省自闭症学生义务教育课程设置主要有生活语文、生活数学、生活适应、劳动技能、唱游与律动、绘画与手工、感觉运动、艺术休闲、社会交往、课外活动和班团队活动等。其中的社会交往课和感觉运动课程主要是针对自闭症儿童的特点而开设的康复课程。自闭症学生在语言方面存在严重的障碍，主要表现为语言的主动性严重不足，影响了自闭症学生的社会交往能力，使社会交往问题成为自闭症学生的核心症状。因此，各地方的学校为自闭症学生开设了社会交往课程。除了语言障碍和社会沟通障碍，自闭症学生在视觉、听觉、嗅觉、触觉、平衡觉与本体觉的传送与接收等方面，也存在显著个别差异与障碍，影响自闭症学生的学习成效。针对自闭症学生的需求，多数学校开设了感觉运动课，以感觉统合训练、感知觉训练和身体大小肌肉练习为主要内容，促进学生感觉统合能力的协调发展。

有些民办的自闭症机构结合自闭症学生的特点和学校情况来开设课程，如某自闭症机构开设了艺术课程（包括音乐、美术）、沟通课程（包括语言课程、沟通工具运用）、活动课程（包括游戏课程、感统课程）、生活课程（包括居家课程、社会课程）、康复课程（包括行为矫正课程、物理康复课程）等。

二、自闭症学校的教学

（一）自闭症学校的教学目标

1. 促进自闭症儿童正常发展

自闭症儿童由于先天脑部功能受损，从幼儿时期开始在发展上便与一般的儿童不同。例如，大多数自闭症儿童在幼儿时期便出现少发声、对人不理、不看事物等现象。因此，自闭症儿童早期矫治的第一个目标便是针对一般儿童会而他们不会的行为予以弥补加强。

2. 消除自闭症儿童的不良行为

自闭症儿童如果没有经过适当的教育，多会用一些不恰当的行为表达。这些不恰当行为包括发脾气，无法表达情绪或需要时的自我伤害。如果这些行为出现频繁或是强度很大，便会干扰到自闭症儿童的学习和生活。

要消除自闭症儿童固定刻板的行为。自闭症的儿童常有一些固定行为及习惯，如走固定的路线，在特定的时间做固定的事，如果稍有改变，就会抗拒与哭闹，并造成日常生活的不便及影响新的学习，因此这种妨碍学习的固定行为应该减少及消除。

（二）自闭症学校教学原则

1. 安全性原则

自闭症儿童学习的环境一定是安全的环境，安全的环境可以让家长放心，让教师放心。安全不仅包括身体方面的安全，还包括孩子成长过程中的心理安全。由于自闭症儿童自制能力差，缺乏社会交往能力，常常会发生一些没有目的的行为，不知道自己的行为可能会造成的后果。因此，安全是自闭症儿童教学过程中必须遵循的首要原则。

2. 缺陷补偿原则

缺陷补偿是指当人体某一器官发生病变或功能障碍时，经过系统训练可以建立新的条件联系，调动受损器官的残余能力或利用其他器官的能力对失去的功能进行补偿或替代。在自闭症儿童的教学中，必须贯彻缺陷补偿原则，根据他们的实际情况，灵活改进教学方法，提供丰富的环境刺激，发掘他们的潜能，补偿他们的缺陷，增加他们回归社会独立生活的可能性。

3. 游戏化原则

游戏化教学原则要求教师充分发挥游戏对自闭症儿童发展的作用，让所有儿童都能够积极主动地参与到教学中来。游戏是自闭症儿童乐于参加的活动，他们可以在游戏中学会技能、提高沟通与交往能力和生活的自信心、提高认知能力和培养良好的情绪。

4. 个别化原则

由于自闭症儿童之间的个别差异很大，每个儿童都有其独特的特性、兴趣、能力，因此教学要根据他们的不同需要，制订合理的个别教育计划，实施适合他们的教学，才能促进他们的发展。个别化教学原则上要求教师要根据自闭症儿童的差异，确立儿童原有的学习水平和学习起点，通过合理的教学安排和课程内容、方法的选择，使他们获得最大限度的发展。

5. 实用性原则

自闭症儿童在抽象理解和弹性运用上的能力有限，因此在教学的过程中，要贴近生活实际，尽量通过实物的操作来帮助他们理解与学习。此外，自闭症儿童在沟通和人与人之间互动关系的学习上有困难，因此在教学时，应将要教的事物应用到与人的互动关系上，运用生活中的实际例子，加强其语言、人际关系及相关技巧的学习。

6. 反复性原则

对于自闭症儿童不会的技巧与行为，可以用逐步养成和增强的原理，将孩子的行为设计在前后关联的事件中，通过反复的练习来帮助孩子学习。以训练洗手为例，可以在吃饭前或吃点心前练习，从而养成洗手的习惯。

7. 多变性原则

自闭症儿童的教育不一定只限于家庭与学校的教育与训练，相关的人、事、物都可以作为计划的变化组合，使内容多样化。例如，对于学会了走固定路线的孩子，可以变换不同的路线回家，让他知道走不同的路也可以到家。

8. 用药性原则

有的自闭症儿童有相关的疾病需要用药物治疗，必须请医生做适当的安排处理。如果孩子出现情绪不稳，注意太短及活动量过大的行为而影响到他的学习时，也可以考虑请医生使用药物。

（三）自闭症学校教学方法

1. 结构式教学法

结构式教学法被认为是最有代表性的适用于自闭症儿童的教学方法，但在运用时要注意：

（1）运用行为分析原则，在综合评估的基础上确定教学目标和教学方式，制订个别教育计划。

（2）争取家长的积极参与和社区的配合，教会家长从事一定的教育教学工作，让儿童所在的社区了解和配合自闭症儿童的教育。

（3）采取密集教育的方法，对自闭症儿童每周进行 15 ~ 30 个小时密集性的训练，巩固训练的成果。

（4）多采用类化学习的方法。类化学习是一种灵活性较强的利用生态环境进行教学的方法。多采用类化学习的方法，可用来防止和矫正自闭症儿童的固着性和僵化。类化教学强调充分地利用教室内外、家庭内外和学校内外等不同的环境来展示刺激物的多样性，提高学生的学习兴趣和参与的积极主动性。

（5）课程设计强调社会互动及沟通技巧的发展。在教学上尽可能培养自闭症儿童与他人交往和沟通的能力，了解团体规范和提高社会参与能力。

（6）提高教育教学人员的专业水平，加强监督检查。通过定期检查和监督来保证自闭症儿童个别教育计划的实施和及时地商讨在教育教学中出现的问题，保证教育教学的有效性和可持续性。

2. 多感官参与的方法

由于自闭症儿童注意的指向性不确定，又可能伴随着"过度选择"的问题，使他们不能将注意力集中到学习的内容上。在实际的教学过程中，可采用多种感官进行教学的方法。例如，对于一个对音乐和律动都比较敏感的孩子，可以采用音乐来教自闭症儿童学会乘法口诀。因此，如何利用自闭症儿童的优势来进行更为有效的教学是非常重要的。

3. 综合运用多种学习理论和训练的方法

在实际的操作过程中，对自闭症儿童的教育教学应根据儿童的实际情况，灵活地运用多种学习理论和训练方法，包括遵循强化原理的行为主义理论和方法、精神分析的原理和方法以及认知学派的原理和方法等。

第五章 特殊教育的教师培养研究

第一节 隔离特殊教育师资培养

一、特殊教育师资培养概述

百年大计，教育为本。教师是立教之本、兴教之源，承担着让每个孩子健康成长、办好人民满意教育的重任。同样，特殊儿童成长和特殊教育事业的发展离不开特殊教育教师这个"本"和"源"。因此，特殊教育教师培养意义重大，使命光荣。随着人们对特殊儿童的认识逐步深入，越来越多的国家开始重视特殊儿童的教育，重视特殊教育师资的培养和培训。美国是较早开展特殊教育师资培养的国家，20 世纪 70 年代后，美国特殊教育就走在了世界的前列，很多大学都在培养特殊教育师资，由于特殊教育非常受重视，特殊教育教师的地位也相对比较高，不仅有学士学位毕业生到特殊教育学校工作，还有很多硕士、博士学位毕业生到特殊教育学校工作。美国对特殊教育师资培养和培训的力度很大，1974 年《残疾人教育法案》就详细规定了特殊教育教师培养的拨款条件，明确规定了特殊教育专业人员职前、职后的各种培训。英国是最早建立特殊教育教师培养机构的国家之一，20 世纪 80 年代后随着特殊教育对象的扩大，需要大量的特殊教育师资支撑特殊教育的发展，特别是特殊儿童与普通儿童一体化教育的推行，普通学校教师也需要了解特殊教育相关知识，具备特殊教育相关技能，因此这些方面的发展极大地推动了英国特殊教育教师的培养和培训工作。除了专门的特殊教育教师培养外，还有大量的职后培训工作。

我国专业化的特殊教育师资培养发展得虽然比较晚，但是发展速度很快，20 世纪 80 年代初出现了少数几所专业化的特殊教育师资培养机构，40 多年来招收特教专业学生的高等教育机构越来越多，由最初的举办特殊专业、特殊教育系，到现在纷纷成立特殊教育学院、融合教育学院、特殊教育研究院（所）、融合教育研究院（中心）等。目前，在以随班就读为主要安置形式的大趋势下，每一名普通学校教师都可能面对残疾学生。师范类专业要普遍开设特殊教育课程内容，提高必修课程比例，从师范院校开始，逐步全面推开，使每一位教师都具备最基础的特殊教育专业知识。组织开展特殊教育学校和随班就读普通学校的校长、教师全员培训，将融合教育纳入普通学校教师继续教育必修内容，一方面增强教师的爱心，另一方面帮助教师掌握更多的教育教学方法，更好地实现因材施教。同时，特教教师的培养培训要注意成体系、成制度，构建起特教教师培养、进修、职称评定、待遇保障等成套的制度与体系，充分彰显党和国家对特殊教育教师群体的关爱和激励。

二、特殊教育师资培养政策

2008年新修订的《中华人民共和国残疾人保障法》第28条规定："国家有计划地举办各级各类特殊教育师范院校、专业，在普通师范院校附设特殊教育班，培养、培训特殊教育师资。普通师范院校开设特殊教育课程或者讲授有关内容，使普通教师掌握必要的特殊教育知识。"2010年教育部将特教教师培训全面纳入"国培计划"统筹实施，并与中国残联合作，共同委托北京师范大学、华东师范大学举办了多期特殊教育学校校长、骨干教师和教研员的培训班。2012年《关于加强特殊教育教师队伍建设的意见》正式出台，教育部、中编办、发改委、财政部和人社部等部委对特殊教育教师队伍建设做出全面部署，就特教教师建设规划、条件准入、培养培训、教师管理、落实待遇等方面做了明确规定。教育部颁布的教师专业标准明确要求，教师要了解有特殊需要的学生的身心发展特点和规律，掌握保护和促进学生身心健康发展的策略与方法。

2015年颁布的《特殊教育教师专业标准（试行）》，规定特殊教育教师是指在特殊教育学校、普通中小学幼儿园及其他机构中专门对残疾学生履行教育教学职责的专业人员。特殊教育教师专业标准是国家对合格特殊教育教师的基本专业要求，是特殊教育教师实施教育教学行为的基本规范，是引领特殊教育教师专业发展的基本准则，是特殊教育教师培养、准入、培训、考核等工作的重要依据。因此，特殊教育教师要经过严格的培养与培训，具有良好的职业道德，掌握系统的专业知识和专业技能，才能够从事残疾人教育与教学工作。

2017年新修订的《中华人民共和国残疾人教育条例》规定："国务院教育行政部门和省、自治区、直辖市人民政府应当根据残疾人教育发展的需要有计划地举办特殊教育师范院校，支持普通师范院校和综合性院校设置相关院系或者专业，培养特殊教育教师。普通师范院校和综合性院校的师范专业应当设置特殊教育课程，使学生掌握必要的特殊教育的基本知识和技能，以适应对随班就读的残疾学生的教育教学需要。县级以上地方人民政府教育行政部门应当将特殊教育教师的培训纳入教师培训计划，以多种形式组织在职特殊教育教师进修提高专业水平；在普通教师培训中增加一定比例的特殊教育内容和相关知识，提高普通教师的特殊教育能力。"

《"十四五"特殊教育发展提升行动计划》提出加强特殊教育教师队伍建设。适当扩大普通高校特殊教育专业招生规模，根据实际需求，优化公费师范生招生结构，倾斜支持特殊教育公费师范生培养；注重培养适应特殊教育需要、具有职业教育能力的特殊教育师资；加大特殊教育专业硕士、博士的培养力度。推动师范类专业开设特殊教育课程内容，列为必修课并提高比例，纳入师范专业认证指标体系，落实教师资格考试中含有特殊教育相关内容的要求。组织开展特殊教育学校和随班就读普通学校的校长、教师全员培训，将融合教育纳入普通学校教师继续教育必修内容。认真落实特殊教育教师津贴标准，保障特殊教育教师待遇，吸引优秀人才从事特殊教育事业。普通学校（幼儿园）在绩效工资分配中对直接承担残疾学生教育教学工作的教师给予适当倾斜。县级以上教研机构应配足配齐特殊教育教研员。教师职称评聘和表彰奖励向特殊教育教师倾斜。将儿童福利机构、残疾儿童康复机构等机构中依法取得相应教师资格的特殊教育教师，纳入特殊教育教师培训、职称评聘、表彰奖励范围，并按规定使其享受相关待遇、津贴补贴等。

第二节　融合教育教师培养

我国特殊儿童主要在普通学校与普通儿童一起接受融合教育。2017 年修订的《中华人民共和国残疾人教育条例》第 3 条规定："残疾人教育应当提高教育质量，积极推进融合教育，根据残疾人的残疾类别和接受能力，采取普通教育方式或者特殊教育方式，优先采取普通教育方式。"2019 年颁布的《中国教育现代化 2035》指出我国特殊教育发展的战略任务是："办好特殊教育，推进适龄残疾儿童少年教育全覆盖，全面推进融合教育，促进医教结合。"2021 年 12 月教育部等九部门印发的《"十四五"学前教育发展提升行动计划》（教基〔2021〕）要求："提高幼儿园师资培养培训质量，在高等学校学前教育专业增加特殊教育专业课程，提高师范生的融合教育能力。"《"十四五"残疾人保障和发展规划》提出，坚持立德树人，促进残疾儿童少年德、智、体、美、劳全面发展。健全普通学校随班就读支持保障体系。开展残疾人融合教育示范区、示范校和优秀教育教学案例遴选。支持高校开展残疾人融合教育。因此，为了适应特殊儿童融合教育发展的需要，培养普通学校融合教育师资是未来特殊教育师资培养的主要任务。

一、融合教育教师的定义

融合教育教师主要是指在普通学校中对特殊儿童实施教育教学，满足他们特殊需要的相关教师。一般包括三类教师：一是在普通中小学担任融合教育领导的教师，主要指校长、教导主任等；二是在普通中小学担任融合教育教学工作的教师，主要是指特殊学生的班主任和任课教师；三是在普通中小学担任特殊学生个别辅导、康复训练的资源教师、巡回辅导教师等。雷江华从融合教育教学主体的角度来定义融合教育教师，认为融合教育教师是指在融合教育过程中从事具体教学活动的教学人员。从融合教育不同模式来看融合教育教师有不同的类型，但基本上是普通教育教师和特殊教育教师。在辅导教室模式中包括普通班级教师和辅导教室中的特殊教育教学人员；在咨询服务模式中包括普通教师和提供咨询服务的特殊教育教学人员；在巡回服务模式中包括普通教师和提供咨询服务的特殊教育教学人员；在教育配对模式中包括普通班级教师和特殊班级教师。

还有人认为，融合学校的教师分为任课教师与辅助教师，融合学校课堂教学的成功，在很大程度上取决于辅助教师提供有效的辅助教学。从狭义上来看，辅助教师是一种从事特殊教育的专职教师。在测定、教育和评价残疾儿童方面，他们受过专门培训，其主要职责是给某些有特殊需求的儿童提供具体的教学辅导。而广义上则指的是在课堂中及课后辅导和帮助学生学习与生活的所有人员，包括学习辅导员、辅助教工、统合助手、辅助教师、父母、志愿者、同辈等。在国外，通常融合学校的一个课堂中，有一名上课的教师，同时还安排有若干名辅助教师。辅助教师与任课教师的关系是一种相互合作的关系，但他们之间分工明确。辅助教师与任课教师一起关注所有的学生，而不是仅仅关注个别的学生。

同时，融合学校的教师（辅助教师和任课教师）都需要接受学习与他人合作的专门培训，从而为工作的开展制订一套先进的合作计划和小组教学计划，以帮助辅助教师和任课教师建立良好的合作关系，提升教学效果。如果缺乏这种培训，则容易产生误解，导致交流失败，影响课堂教学。

融合课堂中需要辅助教师和任课教师合作交流并共同承担责任，同时也需要有明确的分工。英国学者托马斯（Tomas）认为，在计划、教学、评价的过程中，教学人员的责任分配是班级成功最重要的因素。为明确职责，托马斯应用"班级管理"的原理来为不同的教学人员制定不同的工作范围。例如，辅助教师主要承担个别辅助的职责，重点在个别学生的学习方面，集中一段特定的时间帮助学生。在上课前要确定帮助学生的计划。因此，辅助教师主要是负责对有特殊需要的学生提供辅助教学。任课教师主要承担班级活动管理人员的职责，和全体学生一起开展活动，把学生集中在他们的小组学习。任课教师不但要管理日常事务、班级控制，而且也有责任去应对其他干扰教学的事务。

二、融合教育教师素养

（一）融合教师素养内涵

关于融合教育教师的专业素养，2012年欧洲特殊教育发展署发布《融合教师概述》，其核心内容是融合教师核心价值观和能力领域，具体包括融合教育背景下教与学的四大核心价值观、八项教师能力领域、三大能力领域构成要素。四大核心价值观是重视学习者的多样性，支持所有的学习者，与他人合作，教师个人专业的持续发展；八项教师能力领域是融合教育观念，教师对学习者差异的看法，促进学习者在学术、实践、社会和情感等方面的学习，多样化课堂中的有效教学策略，与学习者父母及家庭合作，与其他教育专业人士合作，教师是反思性的实践者，职业教师教育是教师专业持续学习和发展的基础。三大能力领域是态度与信念、知识与理解力、技能。

融合教育对实现社会公正至关重要，同时也是终身学习的组成元素。基于这一事实，《融合教师概述》较全面地构建了融合教师的核心价值观与能力领域框架，指向融合教师的终身学习，希望通过教育公平实现社会公正。其内容体现了构建全能框架，有条不紊，重视技能培养，终身学习，以教育公平为基石，与时俱进的特点。

（二）融合教育教师素养框架

邓猛在综合美国 2012 年特殊教育专业标准、英国托尼·布思和梅尔·艾因斯考制定的《融合教育指南》及欧洲特殊教育需要发展局颁布的《融合教师教育——融合教师形象》的基础上提出了融合教育教师素养框架，具体如下：

1. 融合教育教师专业理念与师德

（1）理解融合教育的意义：具有强烈的人文关怀精神，认识和理解融合教育工作的重要性，以及对学校、教师、普通学生和特殊学生的意义。

（2）尊重学习者的多样性：对特殊学生具有爱心、责任心、耐心、信心和恒心。尊重特殊学生的独立人格，平等对待每一位学生。重视学生的全面发展和个性发展，兼顾缺陷补偿和潜能开发。尊重学生的多样性。

（3）树立融合教育价值观：树立平等、接纳、尊重和合作的融合教育价值观。平等地对待每一位学生；接纳所有的学生；尊重学生的价值和差异；与学生、同事、领导、家长、社区人员建立一种密切合作的关系。

2. 融合教育教师专业知识

（1）学生发展和个体学习差异：了解学生的身心发展特点和规律；了解不同学生的学习差异。

（2）融合教育教学知识：掌握特殊的教育基本理论、原则和方法；掌握特殊学生的特点和规律；等等。

（3）学科内容知识：了解所教学科的核心概念、结构和工具。能够调整普通课程和专业课程，使其适用于特殊学生。

3. 融合教育教师专业能力

（1）差异评估能力：运用差异化的方法和数据资源，对特殊学生进行差异化的评估。了解学生的个体间差异和个体内在差异，了解学生的智力水平、学习水平和兴趣爱好等，根据评估结果制订个别化的教育计划。

（2）学习环境的创设能力：建立安全、包容、反映文化需要的学习环境，从而使特殊学生成为主动的学习者。能够与普通教师等共同创设安全、包容、反映文化需要的学习环境，使特殊学生参与有意义的学习活动。

（3）制订教学计划和策略的能力：使用策略促进特殊学生的语言发展和沟通能力的提高。使用技术来支持教学评估、计划制订及实施等。

（4）课程调整的能力：合理利用教学资源，科学撰写教学设计，采用同教材、同进度、异质要求的方法，设计特殊学生的学习内容等。

（5）教育组织与实施能力：创设适宜的教学情境，根据特殊学生的反应及时调整教学活动。根据特殊学生的学习准备、学习类型和特点，选择采用与之匹配的教育教学方法和手段等。对课堂进行有效的管理，根据特殊学生的需要合理安排座位。满足不同学生的学习速度，合理设计学习活动，对学生进行个别辅导和缺陷补偿及潜能开发等。

（6）个别辅导与训练能力：针对学生学习的准备水平，进行有效的课前辅导、课中个别辅导和课后强化辅导等。对特殊学生进行特殊的技能训练。

（7）激励与评价能力：对特殊学生的日常表现进行观察和判断，发现和赏识学生的点滴进步。灵活使用多元评价方式对特殊学生进行恰当的评价和指导。

（8）班级管理能力：建立良好的师生关系，帮助特殊学生建立良好的同伴关系，引导特殊学生和普通学生交往，培养特殊学生的社会适应能力。有效地管理和开展班级活动。妥善应对突发事件。

（9）沟通与合作能力：使用符合特殊学生的语言特点方式，如口头语言、肢体语言、书面语言、手语或盲文、图片沟通等形式开展教学工作。

（10）专业发展能力：指导特殊教育活动，开展终身学习，提高专业水平。制定专业发展规划，积极参加专业培训，提高专业素质。

（11）自我反思能力：收集并分析相关信息，不断进行反思，改进融合教育教学工作。针对现实需要和问题进行研究。

三、融合教育教师培养

融合教育教师的培养主要包括职前培养和在职培训两个方面。下面着重介绍融合教育教师的职前培养。

（一）融合教育教师培养政策

关于融合教育师资培养，早在 1994 年国家教育委员会《关于开展残疾儿童少年随班就读工作的试行办法》中，就专门针对随班就读的"师资培训"提出了以下五点要求：（1）随班就读班级的任课教师，应当遴选热爱残疾学生，思想好、业务水平较高的教师担任。他们应当具备特殊教育基础知识和基本技能，了解随班就读班级教育教学的基本原则和方法。（2）地方各级教育行政部门应当把视力、听力、语言和智力残疾儿童少年随班就读的师资培训工作列入计划，设立培训基地，采取多种形式，对教师进行岗前和在职培训。普通中等师范学校要分期分批开设特殊教育课程，以保证从事随班就读教学新师资的来源。（3）省、市（地）级教育行政部门应当组织有关专家，为县、乡两级培训残疾儿童少年的检测人员。（4）对随班就读班级教师工作的考核评估，应当包括普通教育和特殊教育两个方面，并应充分肯定他们为残疾学生付出的劳动。（5）地方各级教育行政部门和学校应当根据实际情况，制定奖励和补贴的办法，鼓励教师积极从事随班就读班级的教育教学工作。对表现突出的教师，应当给予表彰。

2017 年新修订的《中华人民共和国残疾人教育条例》（以下简称《条例》）专门对从事融合教育（或随班就读）工作的教师，在编制标准制定、专职岗位设置、师资培养和培训、教学和管理人员的考核等方面做了明确的规定。《条例》第 43 条规定，省、自治区、直辖市人民政府可以根据残疾人教育发展的需求，结合当地实际为指定招收残疾学生的普通学校制定教职工编制标准。县级以上地方人民政府教育行政部门应当会同其他有关部门，在核定的编制总额内，在指定招收残疾学生的普通学校设置特殊教育教师等专职岗位。《条例》第 44 条规定，普通师范院校和综合性院校的师范专业应当设置特殊教育课程，使学生掌握必要的特殊教育的基本知识和技能，以适应对随班就读的残疾学生的教育教学需要。《条例》第 45 条规定，县级以上地方人民政府教育行政部门应当在普通教师培训中增加一定比例的特殊教育内容和相关知识，提高普通教师的特殊教育能力。《条例》第 46 条规定，普通学校的教师承担残疾学生随班就读教学、管理工作的，应当将其承担的残疾学生教学、管理工作纳入其绩效考核内容，并作为核定工资待遇和职务评聘的重要依据。

（二）融合教育教师培养意义

王雁等认为对教师进行融合教育素养的培养，对他们崇尚融合教育理念，形成对实施融合教育的坚定信念，接受和支持多样性，公平对待大差异班级中的每一个学生，灵活使用教学方法与教材，提升适应多样化的学习需求和应对由此带来的挑战的能力大有裨益。融合教育教师在融合环境中教育残疾学生的能力必须从职前阶段就要开始。

第一，职前培养教师具备一定的融合教育素养，可以形塑其对融合教育的态度，并形成未来实施融合教育的信念。教师如何看待融合教育、是否认同融合教育对其实施有着举足轻重的作用，有人甚至认为是融合教育成败的关键。有研究表明，教师职前培养项目能有效提高教师对融合教育的支持态度，使教师更深刻地理解融合教育。还有人通过研究发现在融合教育情境下，专业态度积极且自我效能感高的教师更能够有效进行学生的课堂管理。

第二，职前对教师进行融合教育素养的培养，可以提升教师的知识和能力，可以使教师具备满足不同文化背景学生多元需求的能力，并将对其后续的教育教学工作产生一定的影响。如学习关于融合教育发展、残疾学生特征、融合教育课程与教学等知识，能熟练运用所学的专业知识满足每个学生的特殊需求。又如，获得合作教学、差异教学等能力，以及应对不同残疾类型学生所需特定技能等，并能够恰当运用各种能力，能帮助每个学生融入课堂，及时应对各种突发事件。

第三，在教师入职之前对其进行融合教育素养的培养，比入职之后努力改变他们的态度或行为要更划算、更高效。比起职后教育，教师职前教育还能涉及更多的师范生，对他们的影响也更深刻。另外，让教师从他们职业发展的第一天开始就一直学习、体验、实践融合教学的方法，能促进所有教师持续性地改进融合教育。因此，在教师职前教育中培养其具备融合教育的素养是推进融合教育的重要一环，理应处于"重中之重"的位置。

（三）融合教育教师培养目标

根据融合教育发展的需要，各国均对教师培养目标进行了调整，如美国教师教育项目以"培养各级各类教师以满足所有受教育者的需求，并注重多样性、差异性和多元文化的渗透"为目标；澳大利亚教师标准要求教师能够满足所有学生的需求，关注多样性和差异性；瑞典要求已获得某种教学学位的教师进行补充培训，以"使他们能够满足教室内多元化的学习需要"等。融合教育作为一个专业，对其师资培养目标的研究在我国是近年来的事情。因此，在融合教育背景下，为保障我国随班就读的顺利开展，对免费师范生特殊教育能力培养提出了应以"培养免费师范生具备从事随班就读教育教学的能力，能满足融合教育环境中特殊需要儿童的教育需求"为目标。

研究者认为，融合教育教师的培养目标应该是培养具有牢固的教师专业思想和良好的教师职业道德素养，符合特殊教育事业的发展需要，具有强烈的人文关怀意识、博爱精神和融合教育理念，具有扎实的融合教育专业知识与教学技能，能够在义务教育阶段的学校从事融合教育教学与研究的具有优秀教师和专业引领者品质的融合教育师资。以南京特殊教育师范学院2012年专科人才培养方案为例，其培养目标如下：

具有正确的世界观、人生观、价值观，具有高尚的人格、良好的教师职业道德和求实创新精神；具有融合教育理念，了解融合教育发展前沿和动态；掌握本专业的基本理念、基础知识和基本技能；具有较宽广的知识面，较高的文化素养；掌握现代教育技术和信息技术；熟悉国家和地方教育法律法规，特别是特殊教育和融合教育的法律法规；具备编制和实施融合教育方案和促进学生发展的能力；能够胜任普通学校融合教育教学及行政管理工作，初步具有运作与管理资源教室、资源中心的专业能力，能够胜任资源教师、巡回指导教师的工作；掌握康复与训练的基本知识和技能，具备针对特殊需要儿童开展康复训练的能力；了解融合教育和特殊教育理论的发展动态，掌握教育科学研究的基本方法；初步具备融合教育教学研究能力、职业的自我发展能力；具有一定的艺术修养、健康的审美情趣、良好的心理素质和健康的体魄。

（四）融合教育教师培养模式

《中国教育现代化 2035》提出，要培养高素质教师队伍，健全以师范院校为主体、高水平非师范院校参与、优质中小学（幼儿园）为实践基地的开放、协同、联动的中国特色教师教育体系。

1. 融合教育专业人才培养模式

2005 年，南京特殊教育师范学院在特殊教育专业下开设了初等教育（随班就读方向），2012 年开始将随班就读方向改为资源教师方向。该专业毕业生在普通学校既能胜任主要课程的教学，又能开展随班就读等融合教育的教学和指导工作。重庆师范大学已经开展了多年的特殊教育通识性师资培养工作。特殊教育通识性师资是指在教育观引领下的一种贯通型的，能思考处理多种教学环境、多种教育对象，满足学生多样化教育需要的理论和实践相结合的新型特殊教育教师。其既能做特殊教育，又能进入普通学校发展，促进普特融合，同时又能支持协助普通教育，服务特殊儿童。多数高校则通过开设融合教育相关课程，培养特殊教育教师兼具一定的融合教育教学的知识和能力。

2. 融合教育普及性人才培养模式

1989 年颁发的《关于发展特殊教育的若干意见》明确规定："高等师范院校应有计划地增设特殊教育选修课程。"2008 年修订的《中华人民共和国残疾人保障法》第 28 条第 1 款规定："国家有计划地举办各级各类特殊教育师范院校、专业，在普通师范院校附设特殊教育班，培养、培训特殊教育师资。普通师范院校开设特殊教育课程或者讲授有关内容，使普通教师掌握必要的特殊教育知识。"2012 年教育部等发布的《关于加强特殊教育教师队伍建设的意见》进一步强调："支持师范院校和其他高等学校在师范类专业中普遍开设特殊教育课程，培养师范生具有指导残疾学生随班就读的教育教学能力。"高校为普通师范专业的学生开设融合教育导论课程或特殊教育导论课程，培养普通教师并兼具一定的融合教育教学的知识与能力，如泉州师范学院自 2019 年开始在普通师范专业开设融合教育导论课程，培养师范生具备融合教育的基本知识与能力。但实际开设特殊教育课程的师范院校十分有限。汪海萍通过对国内 137 所师范院校的调查显示，已开设特殊教育课程的师范院校仅有 19 所，占被调查对象的 13.9%，且开设的规模不大、质量不高。

3. 基于慕课（MOOC）的融合教育师资培养模式

在传统课堂模式下，再优秀的教师资源也只能局限在一个特定时空内传播，而在互联网教学模式下，优质教师的教学资源能够走向全国甚至全球。慕课可将分散的学习者和教师联系在一起，提供一种以学习者为中心的网络教学模式，打破师资、时间、地域的限制，实现优质教学资源共享。依托慕课平台，可以有效解决高校特殊教育师资不足、教学资源有限、受众数量多的难题，突破融合教育师资培养的瓶颈。具体方案如下：

（1）搭建慕课平台

目前，绝大多数高校都建立了慕课平台，平台功能强大，可以承载大量课程资源。慕课平台的基本功能模块包括课程管理、在线学习、资源管理、活动管理、学习答疑、学习评价、用户管理和系统管理等，根据不同的权限将用户分为管理员、教师和学生三类用户。系统管理主要是对课程平台进行系统配置、安全管理、数据备份、用户权限设置等，可由学校慕课平台管理员统一负责。

（2）建设课程资源

建设课程资源包括课程设置和课程制作。课程设置依据融合教育师资的素质需求，可将特殊教育课程划分为理论知识与教育实践两个部分。理论知识包括专业理论与专业操作两个模块。专业理论课程包括特殊教育及融合教育的基本概念与知识；专业操作课程包括融合教育具体教学实践与操作。课程制作是网络课程平台的最大特色，就是支持在线学习。在线学习模块的功能设计是否科学、完善决定了学习的效果。完整的在线学习模块不仅是资源展示平台，更是集资源与服务、自学与协作、理论与实践、学习与评价为一体的立体化学习平台。因此，教师要提升网络教学的质量，首先要明确课程建设目标，根据不同的课程目标和内容特点进行课程资源建设，包括录制视频资源、精选案例、编制习题、设置合适的学习活动、安排特定的学习任务、明确考核评价等。具体栏目包括课程简介、教师队伍、课程特色、学习指南、授课计划、课程资源、教学方法及考核评价等。教师也可以根据课程自身的需要进行一些个性化设置。

（3）完善选课制度

在我国高等师范院校现有的培养模式下，短时间内还不可能按融合教育的要求全面加开特殊教育课程，借助慕课形式为师范生提供特殊教育类必修和选修课程比较切实可行。学生可通过以下两种方式修读特殊教育类课程，一是作为辅修专业来选择课程，修满全部学分可发辅修专业证书；二是将特殊教育类课程列入教师教育课程模块，分为必修和选修两个部分，要求每个师范生至少修读一定的学分，以保证他们了解最基本的特殊教育知识。同时鼓励那些希望对有特殊需要的学生、教学有所了解，有志服务于融合教育的学生选择更多的特殊教育课程，并获得相应的学分。

（4）规范评价考核

学习评价是网络教学的重要功能之一，也是衡量网络教学质量的重要形式。慕课平台具有系统自动评价功能，理论知识部分可依托平台的自动评价模式，为网络课程设置评价的参数，如学习时间、在线讨论、自我测试和完成考核作业等由管理系统进行教学跟踪与管理，完成对学生的学习评价。这样可以大大减少教师考核的工作量，使大规模教学成为可能。教育实践课程的评价要求学生网上提交特殊教育微课教学视频两个，每个微课录像大约10分钟，同时要提交融合教育教学实践经验总结报告一份，对教学实践进行反思，供教师评审，合格后获得学分。

（5）优势与特色

一是破解了师资不足的难题。采用慕课形式开设特殊教育课程，可以有效解决特殊教育师资匮乏的难题。特殊教育课程资源开发可由高校、科研院所、特殊教育学校、康复机构等校内外人员共同完成。还可以利用免费的网络课程资源，或者购买优质网络课程资源。该模式可以实现师资和课程资源共享，使高校大面积开设特殊教育课程成为可能。

二是打破了课程资源的局限。慕课实现了从封闭课程资源系统向开放课程资源系统的转变，体现了教育资源的共享精神。在该模式中，除了教师团队自主开发的特殊教育课程资源之外，还可通过多种途径获取大量相关资源。同时，慕课平台可以累积学生的学习数据，形成动态汇聚的课程内容，并可将课程教学与实践资源结合起来，满足学习者特殊教育实践的需要。

三是实现了学习模式的转变。慕课的特色和亮点是互动，这也是它区别于过去在线教育的本质。慕课不仅是学习内容和学习者的聚集，更是一种通过共同话题将教师和学习者连接起来的方式。在这一模式中，教师担任了特殊教育课程开发者和学习组织者的角色，学生可以自由地参与到课程学习中，通过互动交流将各类课程资源进行整合，建构个体化知识和能力，实现真正的自主学习。

第六章　特殊教育的评价体系研究

特殊教育评价是对特殊教育活动和结果进行价值判断的活动，它在特殊教育发展过程中具有导向、激励和诊断等功能。本章主要阐述了隔离特殊教育评价和融合教育评价。隔离特殊教育评价着重阐述了特殊教育评价的含义、特殊教育学生评价、特殊教育教师评价和特殊教育学校评价；融合教育评价重点阐述了融合教育评价的含义、融合教育教师评价、融合教育学生评价、融合教育课堂评价和融合教育学校评价等。

第一节　特殊教育评价

一、特殊教育评价的定义

特殊教育评价是指在教育方针政策和教育理论的指导下，根据确定的特殊教育目标，采用一定的技术和方法，对各级各类特殊教育学校的教育活动和结果进行价值判断的活动。长期以来，我国特殊教育评价主要包括学生评价和教师评价两大方面。自党的十八大以来，我国加大了特殊教育的发展力度，提出了关心特殊教育、支持特殊教育和办好特殊教育的方针政策，在 2014—2016 年和 2017—2020 年两次特殊教育提升计划的实施过程中，加强了特殊教育学校评价。

2020 年 10 月，中共中央国务院印发了《深化新时代教育评价改革总体方案》，指出教育评价事关教育发展方向，有什么样的评价指挥棒，就有什么样的办学导向。特殊教育评价要以习近平新时代中国特色社会主义思想为指导，全面贯彻党的教育方针，要改进结果评价，强化过程评价，探索增值评价，健全综合评价，充分利用信息技术，提高教育评价的科学性、专业性、客观性。因此，特殊教育要不断完善立德树人体制机制，扭转不科学的教育评价导向，提高特殊教育治理能力和水平，加快推进特殊教育改革和发展，办好特殊教育。

2021 年《"十四五"特殊教育发展提升行动计划》进一步提出了"强化督导评估"，在省级人民政府履行教育职责督导评价和义务教育优质均衡发展督导评估认定中，将特殊教育改革发展情况作为重要内容。《"十四五"特殊教育发展提升行动计划》要求各地教育督导部门和责任督学将特殊教育纳入督导范围。省级人民政府要加强对特殊教育发展提升行动计划实施情况的指导与督查，将落实情况纳入市县两级政府绩效考核，建立激励与问责机制，确保特殊教育发展提升行动计划有实效。我国目前的特殊教育评价主要包括学生评价、教师评价和学校评价三个方面。

二、特殊教育评价内容

（一）特殊教育学生评价

特殊教育学生评价由于受应试教育的影响，常把考试与评价、考试分数与学生发展等同起来，存在评价标准单一、评价内容片面、评价方法单调、评价主体单一等问题。普通教育经过课程改革，基本形成了基于学生综合素质或素养的教育评价模式。例如，评价主体多元化，评价方式多样化，评价要有利于促进学生和教师发展、有利于促进教学改革等。但是特殊教育却依然维持着传统的评价模式、落后的评价方式和方法。

特殊教育学生评价是指在一定教育价值观的指导下，根据一定的标准，运用现代教育评价的方法和技术，对学生的思想品德、学业成绩、身心素质、情感态度，以及社会适应、潜能开发和缺陷补偿等方面的发展过程和状况进行价值判断的活动。特殊教育评价的主要任务应是在检测特殊学校对学生进行思想品德、文化知识和身心补偿教育的同时，评估学生的生活自理能力、社会适应能力和劳动就业能力是否得到相应的培养。建立促进特殊学生全面发展的考试评价体系，是当前特殊教育改革与发展当中的重要问题。如何通过考试评价让每一位特殊学生清楚地知道自身的真实发展水平，是教育评价的主要任务，更是特殊学校教师要思考的问题。有研究者认为，特殊教育学生评价，应着眼于教育是否满足了特殊学生的社会化发展和个性化发展的需要。

1. 评价学生社会化发展

满足社会化发展需求是特殊教育质量要求的出发点和回归点，基于这一要求的课程体系已经在 2007 年颁布的三类特殊儿童的特殊学校（盲校、聋校和培智学校）义务教育课程设置实验方案中分别得到不同层次的体现。由于是三类特殊学校的课程实验方案，课程的有效性和质量仍有待商榷。困难的是，特殊教育学校开展的教育教学，是否以开放和多元化的办学思路有目的地培养学生的交流与合作能力，较难在短期内做出评价，这需要把学生置于社会实际环境中观察其效应。因此，对学生的社会化发展情况进行评价，应引入家长和社会这两个评价主体。同时，还要引入学生就业（升学）单位评价环节，了解与特殊学生合作的有效性。前者可采用年度评价或者阶段评价的方式，直接评价学校教育在学生交流能力培养方面的效果。后者可采用追踪评价方式，由就业（升学）单位对学生在新岗位上的适应性与合作性进行评价和反思。

2. 评价学生个性化发展

对特殊教育进行质量评价时，要更多地关注学校教育是否满足了学生个性化发展的需要。这需要学校在特殊教育课程设置方案的基础上，推进个别化教育，并根据学生的需求开发和建设校本课程，建设校园文化，形成各具特色的本土化课程体系。特殊学生的个性化发展评价的内容主要包括潜能发展、知识掌握、技能获得和人格完善等方面的评价。

（1）潜能发展的评价

构建特殊教育质量评价体系，对学生潜能发展需求要关注以下三个方面：一是早期干预，预防缺陷。体现在办学结构上，学前教育是否作为特殊教育体系中的重要环节，并得到有效实施；体现在课程体系上，注重评价学校是否具备科学、系统的早期干预课程体系与康复训练技术力量；体现在效应上，注重评价教育活动中是否有完备、合理、科学的学生个别化教育和成长记录，以分析教育效果和质量。二是潜能开发，突破极限。潜能开发就是用有效的方式开发特殊学生的内在潜力，如危急时刻的急中生智，智慧会突然千百倍地迸发而出；绝处逢生时，力量会突然千百倍地涌流而出。例如，通过科学的听觉刺激开发视障学生的听力潜能；通过科学的视觉刺激开发听障学生的视觉潜能；通过感觉统合训练，开发智障儿童的协调能力等。三是缺陷补偿，康复身心。根据不同年龄层次和具备补偿康复可能性的学生，进行针对性的系统康复教育和补偿缺陷训练。这个方面的评价，体现在课程体系上就看是否具有系统规划的补偿康复课程体系与师资力量；体现在学生个体上，就看是否注重评价学生个别化教育效应。

（2）知识掌握的评价

对特殊学生知识掌握的情况进行质量评价，可借鉴普通学校评价机制中较为成熟的思路和方法，适当采用知识点考核等评价手段。但要把握这一评价结果在整个质量评价体系中的权重，既不能将此作为总体评价，也不能舍弃这一要点。

（3）技能获得的评价

在特殊学生个体发展需求中，获得有效技能和相应的职业能力是不可或缺的。在学校办学方面，技能获得的评价要体现学校根据学生需要设置相应的职业教育体系和中高职衔接的渠道。对技能获得的评价应包含两个层次：由教育行政部门基于职业教育属性开展的评价；学生就业（升学）单位的评价。

（4）人格完善的评价

不管是基于人的社会属性还是自然属性，健全的人格、符合社会道德的情感价值观，都是特教学校教育教学的重点任务，也应是特殊学生质量评价的重点内容之一。对人格、情感态度和价值观的评价，历来比较困难。现在可适时借助互联网等渠道，采用社会调查等形式，邀请社会人士参与评价。因此，学校要积极主动地引导学生融入社会，增加社会对特殊教育的认识与了解，同时要加强德育、美育、体育和劳动教育等，引导学生发展健全人格和情感价值观。

另外，外国特殊教育学生评价经验也值得借鉴。以美国为例，美国对特殊学生的评价主要由州组织进行。州教育局、地方教育局、学校、教师、个别化教育计划小组成员、家长以及学生都不同程度地参与特殊学生评价的过程。美国对特殊学生的评价可分为两大类型，即一般性评价和选择性评价。

一般性评价分为两种小类：一种类型是与年级学业标准相一致并且不使用适应性协助的一般性评价。该评价的标准与年级学业标准水平相一致，并且不对学生进行任何的适应性协助。这种评价与普教学生参加的学生评价完全相同。另一种类型是与年级学业标准一致但是使用适应性协助的一般性评价。该评价的标准与年级学业标准一致，但是对学生进行一定的适应性协助。有些特殊学生由于一定的缺陷，参加评价时有一定的困难，但在适应性协助下仍能达到年级学业标准，可以参加这种评价。值得关注的是，适应性协助必须不影响评价的有效性。

选择性评价分为三种小类：第一种类型是与年级学业标准一致的选择性评价。该评价的标准与年级学业标准一致，不过，是为在适应性协助下仍无法达到一般性评价标准的学生而设定的，方式有档案袋评价、表现性评价等。这类评价主要是教师通过对学生的观察以及对作业或作品样本等的收集来进行。每个州可能采用一个或多个不同方式的选择性评价模式，但是，总的来说，这些评价的标准是与年级学业评价标准一致的。第二种类型是低于年级学业标准的选择性评价。该评价是以选择性成绩标准为基础的评价，选择性成绩标准是低于年级学业水平的标准。第三种类型是"以修正性学业标准"为基础的选择性评价。该评价是在修正性年级学业标准的基础上进行的评价，主要面向有严重认知缺陷的学生。该评价的标准是在一般性评价标准的基础上，降低了难度、深度或广度。

美国对特殊学生的评价具有"高度的灵活性"和"强大的责任制"两个显著的特征：一是高度的灵活性。2002年签署的《不让一个孩子掉队法》要求所有学生包括特殊学生都要参加统一的评价，引发了广泛争议，实施起来也困难重重。结合实际情况，联邦教育部于2003年、2005年对政策与人数比例进行了调整，体现出美国对特殊学生评价的高度灵活性。二是强大的责任制。《不让一个孩子掉队法》最重要的内容就是提高学业标准和强化责任制以实现不让一个孩子掉队的宏伟目标，该法案要求特殊学生也参加同年级水平的评价，并将其成绩和参加普通教育的同龄学生进行比较，对不合格学校给予逐年严厉的制裁。这一决定促使学校重视特殊学生的教育。同时，也有效地防止了学校把智力正常的差生归入特殊教育学生系统中，防止逃避州统一测试，推卸责任、阻碍这些学生的个人发展。

（二）特殊教育教师评价

特殊教育教师评价是指通过对特殊学校教师的素质及其在教学过程中的具体行为表现状况进行测量，了解教师综合素质与教学效果，针对存在问题提出增强教师综合素质与教学效果的可行建议与策略。有研究者认为，特殊教育教师评价主要采用自上而下的教师评价机制，校长、教导处负责教师的评价考核工作，评价形式主要包括教师综合业务考核、学期教学年终考核和课堂教学评价三种。

1. 教师综合业务考核

以某特殊教育学校教师综合业务考核为例，该校对教师的评价主要是从政治觉悟、师德修养、教学工作、教育工作、科研工作、专业水平和进修、工作负荷等方面进行。其中，政治觉悟包括爱岗敬业，师德修养包括基本职业道德，教学工作包括教学心理水平、教学效果和成绩、学科教学水平、教学知识掌握和课外辅导，教育工作包括常规学生管理和教育、班主任的工作能力和管理、差异化教育效果，科研工作包括教学研究活动和交流、教育专题和科研成果，专业水平和进修包括教育理论、专业知识、专业能力进修，工作负荷包括工作数量和出勤情况。

特殊学校的教师与普通学校的教师一样，都是光荣的人民教师。由于特殊学校的教育对象是特殊儿童，特别是有残疾的儿童，他们需要更多的关心和帮助。特殊学校的教师需要面对来自学生、家庭、社会等方面的更大压力，承担着教育和训练特殊儿童，使他们将来能有尊严地生活和工作的使命。因此，与普通学校的教师相比，特殊学校的教师需要有更多的爱心和耐心、恒心和信心，以及付出更多的时间、精力和体力，特殊学校的教师职业道德规范存在一定的特殊性。例如，某特殊教育学校根据实际制定了《特殊教育学校教师职业道德考核细则》。

2. 学期教学年终考核

特殊学校教师年终考核的内容主要包括德、能、勤和绩四个方面。教师"德"方面的考核内容有：热爱祖国，爱岗敬业；热爱和认同特殊教育工作；贯彻教育方针，依法执教；严谨治学，团结协作；尊重家长，关爱学生。教师"能"方面的考核内容有：精心组织教学，目标明确；研究教学方兴未艾，注重效益；认真批改作业，因材施教。教师"勤"方面的考核内容有：工作认真负责，出勤率高；承担工作负荷，满工作量。教师"绩"方面的考核内容有：教学成绩突出，培养学生获奖；科研成绩显著，发表论文获奖。

3. 课堂教学评价

课堂教学评价是反映教师专业知识和专业能力的关键部分，但是这种评价也具有一定的局限性和偶然性，一堂课中的教学方法、框架构成、组织模式等很难代表特殊教育教师的全部能力。以某市特殊教育学校的课堂教学评价为例，课堂教学评价的内容包括教学大纲设计、教学方法选取、课堂教学思路、课堂教学态度、课堂教学重点突出、注重对学生的思维引导、注重教学内容与社会生活的联系、兼顾学生特殊性和个性化差异、课堂提问恰当且富有启发性、作业设计有效且易操作并富有实用性。因此，特殊学校教师课堂教学评价主要是对教学大纲、方法、思路、态度等的评价，以及教学对学生引导效用的评估，其中"注重教学内容与社会生活的联系"和"兼顾学生特殊性和个性化差异"是特殊学校教师课堂评分的亮点，一定程度上体现出特殊教育的特色。

特殊教育教师评价关系着学校的发展和教师专业素养的提升，是特殊教育学校管理教师的重要方式和手段。虽然我国已经出台《特殊教育教师专业标准》（2015年），但并没有对特殊学校的教师提出具体可行的评价标准，从而导致特殊学校存在教师评价机制不健全、教师评价主体权重分配不均、教师评价标准不切实际等问题，引发特殊学校教师队伍的种种矛盾。归纳起来特殊学校教师评价尚存在一些问题，如评价内容缺乏全面性、评价标准较单一、评价实际效果不尽如人意等。

（三）特殊教育学校评价

1. 特殊教育学校评价的定义

特殊教育学校评价是指运用教育评价的理论和方法，根据教育方针的要求，对学校全部工作成绩和管理效能进行的评定估量。特殊教育学校评价内容，一般来讲主要有学校办学目标、学校工作计划、学校管理质量、学校教学工作、学校经费设施和设备状况、学校管理人员与教师等方面的评价。

2. 特殊教育学校评价的内容

有研究者认为特殊教育学校评价体系包括办学资源、课程教学、师资队伍、医疗康复、社会适应和荣誉表现六个指标。其中，办学资源包括公用经费、环境设备；课程教学包括课程设置比率、课程资源、教学方法；师资队伍包括师生比、学历结构、专业化水平、课题成果、教师待遇；医疗康复包括康复资源、健康达标率、智力发展；社会适应包括掌握劳动技能数、生活能力提升率、转衔辅导率；荣誉表现包括学校荣誉数、学生荣誉率、教师荣誉率。

3. 特殊教育学校评价局限

曹婕滢认为，我国特殊教育学校评价目前还存在一些问题和局限。一是评价主体单一。我国各地区的特殊教育学校评价大多是由政府部门组织制定特殊教育相关的实施条例、准则，然后公布，通知各个特殊教育学校按照实施条例进行自我整改，政府部门会定期派相关人员对特殊教育学校的整改情况进行验收。从中可以看出政府在学校评价中的主体地位，在特殊教育学校评价中，政府既是教育质量评价的倡导者又是实施者和协调者，这种质量评价方式容易造成被评学校缺乏积极性和主动性。政府是评价的唯一主体，缺乏监督和制约，评价垄断性和随意性比较强。二是评价要素覆盖面较窄。我国特殊教育学校评价内容不全面，大多仅侧重某一维度。以前我国特殊教育学校质量标准重视的是特殊儿童的个体全面发展，较少关注残疾儿童的个性发展。近年来在强调学生这一要素的同时还对其他教育要素提出了质量标准。2009年《特殊教育学校建设标准》评估的是特殊教育学校的教学设施要素；2012年《关于加强特殊教育教师队伍建设的意见》强调的是特殊教育师资队伍建设。我国特殊教育质量评价逐渐完善，但是没有提出一套完善的评价指标体系。三是评价指标体系运行效率不高。近年来，我国虽然在基本条件保障方面取得了一定成绩，但是对于提高特殊教育学校的教育质量依然不足。

4. 特殊教育学校评价的建议

曹婕滢认为，为了提高特殊教育学校评价的质量和效益，应该构建多元主体参与的评价体系、完善特殊教育保障体系、健全特殊教育评估要素。一要构建多元主体参与的评价体系。一个全面的评价指标体系应该是多元主体共同参与的，应由学校、家长、社会和教育部门一起参与，也可以引入第三方评估机构。我国有关教育质量的评价，学校一般都是被动参与者，家长和特教教师也较少参与，尤其家长很大一部分被排斥在外。所以构建特殊教育学校评价体系要注重多元主体参与。首先，重视对特殊教育教师的评估。一方面，教师要学会自我评价；另一方面，家长和特殊学生也要和学校保持密切联系，向学校反馈教师的教学能力与态度，促进学校、家长和教师三方互相联动的教师评价机制的建立。其次，积极引导家长参与到特殊教育学校的教育质量评估中，保障残疾儿童的受教育权，在课程设置、教学方法等方面提出合理化建议和意见。最后，教育部门可以利用网络，建立信息交流平台，促进政府与家长、教师之间的沟通，发挥传播媒体对教育问题的监督作用，形成一个多元化的特殊教育质量评估系统，提高教育质量评估的公信力。

二要完善特殊教育保障体系。完善的法治和保障体系是特殊教育发展及特殊教育学校评价标准建立的依据。要想提高特殊教育水平，我国相关部门应当建立完善的教育质量法治体系和保障体系来促进特殊教育事业的平稳发展。促进教育事业发展不仅要做到政策制度完善、财政投入充裕，还要保障师资队伍建设。我国相关部门制定有针对性、操作性强的特殊教育法律体系，做到从上至下有序地开展特殊教育工作；政府部门应进一步加大对特殊教育的投入，促进特殊教育事业蓬勃发展；保障教师队伍建设，不断提高教师的质量，教师的基本福利和岗位津贴要保证，教师的入职条件和岗位培训不能放松。

三要健全特殊教育评估要素。特殊教育学校评价指标体系应该涉及更宽泛的评估要素，应当引入社会评价、家长评价和老师评价等，社会评价可以是用人单位的评价，也可以由学校所在辖区的社区委员会进行评价。对学生发展的考查不能仅仅局限于学习成绩和获奖情况，可以由学校建立一个动态的成长档案，记录每一位特殊学生知识获取、技能增长、身体康复以及社会适应四个方面的动态变化。总之，再全面的评估要素也要紧扣特殊教育的最终目的，即最大限度地满足社会的要求和特殊儿童的教育需要，发展他们的潜能，使他们增长知识、获得技能、完善人格、增强社会适应能力，成为对社会有用的人才。

第二节 融合教育评价

一、融合教育评价含义

融合教育的水平和质量如何,需要通过评价来加以判断,因此在教育评价的基础上,就出现了融合教育的评价。融合教育评价是评价主体依据一定的目的和标准,采取科学的态度和方法,对评价客体进行价值判断的一种实践活动。融合教育评价的目的是不断改善融合学校的教育活动,最大限度地提高其教育水平和质量,保证融合教育目标的实现,从而指导融合教育实践。融合教育评价不但有利于规范融合教育工作的开展,而且有利于提高融合教育的管理水平和进行科学的融合教育决策。

二、融合教育教师评价

融合教育教师评价是对教师工作现实的或潜在的价值做出判断的活动。融合教育教师评价强调展示成就与改进激励。科学评价融合教育教师,是改善和提高融合教育质量的关键环节,融合教育教师评价对全面推进融合教育政策、调动教师的工作积极性,都具有重要的作用。

传统教师评价的功能主要是鉴定分等、奖优罚劣。它着眼于教师个人的工作表现,特别是教师在评价之前的业绩。表明教师是否履行了自己的工作职责,他们的工作表现是否符合学校的期望。传统教师评价通常有以下两种形式:业绩评价和发展评价。业绩评价关注可达到的、相对短期的目标,倾向于在某个时间段内给教师的业绩和能力下一个结论,对于教学质量的监控有重要作用。发展评价的目的是对教师的工作给予反馈,改进或完善教师的教学,明确个人的发展需求和相应的培训,提高教师的能力以促进其完成任务或达到将来的目标。教师的日常工作中所经历的评价大多应是发展性评价,它所关注的不是给教师当前的能力和水平下一个结论,而是帮助教师诊断问题并帮助其改进。科学的融合教育教师评价应该给教师提供进步的空间和动力,允许教师存在不足和缺陷。

融合教育教师评价应该以促进教师专业发展为根本目的,建立发展性的融合教育教师评价体系。发展性融合教育教师评价体系的主要特征应该是:学校领导注重教师的未来发展;强调教师评价的真实性和准确性;注重教师的个人价值、伦理价值和专业价值;实施同事之间的评价;由评价者和评价对象配对,促进评价对象的未来发展;提高全体教师的参与积极性;制订评价者和评价对象认可的评价计划,由评价双方共同承担实现发展目标的职责；注重长期的发展目标。为此，评价者应注重学校发展的长期目标，让教师充分了解学校对他们的期望，培养他们的主人翁精神；根据教师的工作表现，确定教师的个人发展需求，制定教师的个人发展目标，向教师提供日后培训或自我发展的机会，提高教师履行工作职责的能力，发挥全体教师的积极性，从而促进学校的可持续发展。

三、融合教育学生评价

学生评价是指根据一定的标准，使用一定的技术和方法，以学生为评价对象所进行的价值判断。学生评价的内容主要包括学生的思想品德、学业成绩、身心素质、情感态度等的发展过程和状况。学生评价是教育评价的重要领域之一，也是学校教育中每一位教师都必须实际操作的一项重要内容。学生评价是教育评价的基础和重点，也是学校教育评价的核心。学生评价是教育评价中历史悠久而又永恒的话题，有了学校教育就有了学生评价的问题。因为，学生的质量既是衡量一所学校教育工作质量的标准，也是提高学校教育工作水平的根本所在和关键要素。所以，构建合理的学生评价体系，有效地实施学生评价，促进学生发展，是教育的必然追求。

不同学者对融合教育学生的评价有不同的观点。雷江华认为融合教育学生的评价主要包括生理、心理、学业等方面的评价；昝飞认为融合教育学生的评价包括三个方面的内容，即学业问题、行为问题和生理问题的评价。

融合教育学生评价是以促进学生和谐主动发展为重点的评价。对融合教育学生的评价贯穿教育过程的始终，意味着要收集有关学生的各种信息，包括学生当前的知识和能力水平、需要、兴趣、爱好、各种行为问题等，然后基于这些判断，决定要教给学生什么以及怎样教，或者如何改善教师的教和学生的学。张兴华认为，一直以来，由于受普通教育的影响，特殊学生的评价主要采取"重结果而轻发展、重知识而轻能力"的形式，因此导致评价标准单一、内容片面、方法单调等问题。传统的教育评价重成才轻成人，只关注考试分数，忽视品德、能力等综合素质的培养。这样一来，教育就丧失了促进青少年发展的本性，无法面向所有资质不同的学生，无法促进人的智力与人格、知识与品德、科学素养与人文的全面发展。正由于传统的考试评价存在诸多不合理因素，因此考试改革评价势在必行。特教学校考试评价在反映学生学业成绩的同时，更重要的是通过评价促进残障学生的智力与人格、知识与品德、科学与人文的全面发展。让每个残障学生都能够得到他能达到的最好的发展教育，最大限度地适应社会、回归社会。鉴于此，针对特殊学生的考试评价应保护学生的身心健康，激发学生学习的潜力，应正视学生发展的差异性，应留给学生自主发展的空间，培养学生的自主精神，应激励学生积极进取，体验成功的愉悦。采取有效的评价真实地反映学生的实际发展水平，尽可能地避免偶然性和片面性，这是教育评价需要达到的最终目的，也是教育者需要思考和解决的问题。

单靠分数进行评价不能有效检测残障学生实际的学业水平。在教育部中小学教育质量综合评价改革框架体系下，特教学校的考试评价就应该突破"重知识、轻能力"的传统模式，以一切为了残障学生的发展为目的，突出个性发展，最大限度地把每一位残疾学生培养成一个残而有为的人。

有学者认为，针对特殊学生的评价需要注意淡化评价结果，重视评价过程。例如，对学生进行期末评价时，应该考虑学生平时的学习态度、基本能力，平时每次考试后还应该与学生本人进行交流、沟通，让学生知道自己在学习过程中哪些方面做得好、哪些方面做得不够好，以便今后加以改进，这样就使考试成为了解与促进学生学习的过程。同时要突出个体差异，注重学生的发展。要尊重学生的个体差异，允许一部分学生经过一段时间的努力逐步达到目标。教师要判断每个学生的不同发展潜能，为每个学生制定个性化的发展目标和评价标准，提出适合其发展的具体建议。另外，还要享受快乐、体验成功。过去只有"成绩好的"学生才有成功的快乐，那些所谓"成绩差的"学生成了失败者，失去了学习的信心。因此，学生评价要以学生的发展为本，让学生感受成功的同时，身心得到健康的发展。通过培养丰富的情感、积极的态度和正确的价值观，让学生享受成功的喜悦。

胡萍认为，融合教育学生评价可以尝试"快乐考试"，实现考试过程的趣味化。低年级学生的考试体现"趣味性"。将试卷命名为"卡通之旅""聪明屋"等较新颖的名称，测试采用"我会做""我能行"等学生喜闻乐见的形式，让学生乐于参加考试。中、高年级学生的考试体现自主性。精心设计试卷的题型和内容，既重视知识的评价，也重视能力的考查。重视试卷语言的趣味性，帮助学生发挥真实的水平。融合教育学生评价还可以体现个体差异，尝试开放性评价。可以在家长的配合下，将试卷提前一天发给学生，让学生自主作答，第二天收卷。还可以在试卷中设计多个题型供选择，让学生发挥自主性，把考试带来的心理压力降到最低。另外，也可以把平时成绩纳入总评成绩中，将平时的综合表现纳入总评成绩。

四、融合教育课堂评价

融合教育课堂评价，这里主要是指课堂教学评价。课堂教学评价是与课堂教学有关的评价的总称，它是指为促进学生学习、改善教师教学而实施的，对学生的学习过程与结果、教师的教学所进行的评价。在实际应用过程中，对教师、学生所进行的评价相互之间有所包含，特别是那些评价教师课堂教学的工作通常也包含对学生学习结果的评价。对课堂教学的评价，不仅要判断出课堂教学的好坏，还要找出课堂教学存在的不足，分析不足的原因，并找出解决问题的办法。因此，融合教育课堂评价就是根据学生存在的差异性和多样性需要，依据一定的标准和价值观，运用科学、合理的评价方法，对教的活动、学的活动及其教学环境做出客观的衡量和价值判断的过程。

推进融合教育是我国特殊教育的发展战略和趋势，随班就读是我国特殊儿童融合教育的主要形式之一，现阶段的主要任务是提升融合教育的质量。课堂是特殊儿童融合教育的主要场所，课堂教学是学校教育的中心环节，只有通过科学的课堂教学评价才能提高融合教育的教学质量，使特殊儿童在普通班级课堂教学中受益。一节随班就读课，如果不符合普通课堂教学评价指标体系的基础标准，就算不上一堂好课；如果不满足随班就读课堂教学评价指标体系的特殊需求，也算不上一堂好课。因此，课堂教学要满足班级内所有学生（包括普通学生和特殊学生）的教育需要，以牺牲任何学生的利益来满足其他学生利益的课堂教学都是不公平的。

有研究者基于德尔菲法（Delphi Method）针对视障学生、听障学生和智障学生的融合教育，构建了随班就读课堂教学的评价指标体系，提出了"教学过程"与"教学效果"两个一级指标，"教学调整""教学支持""课堂参与"与"人际氛围"四个二级指标，以及相应的七个末级指标和二十一条评价标准，并运用层次分析法给各指标赋权重值。评价标准是与评价指标体系中末级指标要求相对应的内容，当末级指标概念比较笼统时，可采用分解末级指标的方式来设定评价标准的内容。

该评价标准的重点是教学过程的评价，主要包括教学调整和教学支持两个方面。教学过程是在随班就读环境下，教师根据学生的身心特点与发展需要，借助一定的条件指导学生学习参与的过程。"教学调整"是指对原有普通课堂的基本教学要素进行适当改变，"教学支持"是指通过各种途径和方式对特殊儿童课堂学习给予支援、帮助与鼓励。该评价指标体系尤其关注教学调整。为了使特殊儿童与正常儿童能充分平等地一起参与教学活动，教师应在面向所有学生的基础上对原有教学过程进行适当改变，以适应特殊儿童的需求，在关键知识点上进行适当的删减、增加、重组、修改等。同时考虑学生的残疾类型，如对视障、听障学生原则上不降低学业标准，着重对教学内容的呈现方式、教学手段、方法等进行调整；对智障学生根据其能力水平做出适当调整，但也要体现发展性。该评价标准特别关注教学效果的评价，主要包括课堂参与和人际氛围两个方面。教学效果是通过学生的学习效果来体现教的成效。课堂参与是学生将自己作为课堂的主人，投身于课堂建设、参与其课堂活动并完成课堂任务的一种活动方式。人际氛围是教学过程中师生、生生之间的人际关系，直接影响着教学气氛的营造。

五、融合教育学校评价

学校评价是运用教育评价的理论和方法，根据教育方针的要求，对学校全部工作成绩和管理效能进行的评定。学校评价是教育评价的重要组成部分。学校评价的内容主要有以下方面：学校总体目标，即学校贯彻教育方针、实现教育目标和办学思想；学校工作计划；学校领导管理质量；学校教学工作、思想政治工作、体育卫生工作；学校经费设施和设备状况；学校教师和管理人员等。通过评价，教育行政部门可了解学校贯彻教育方针的状况和教育为经济建设与社会进步服务的水平，从客观上指导和管理本地区的学校教育。对学校内部来说，可进一步寻找改进和提高学校教育质量的方法和途径。

融合教育学校评价是运用教育评价的理论和方法，根据教育方针的要求，对学校执行及贯彻融合教育政策、理念等全部工作成绩和管理效能的评定，包括对学校政策、学生档案资料、教学内容和课程安排、教育资源、教育效果、与外部机构的关系等内容进行的评价。有研究者认为，融合教育学校评价应该贯穿整个教育过程，以多元化、多主体参与的评价方式去评价学生和学习环境以及学生与学习环境之间的互动；要以整体的、生态学的观点去全面评价学生和情境的方方面面，从而改进课程教学，为每个学生提供满足其需要的高质量的教育。

联合国教科文组织在《通过融合教育做法消除排斥——挑战与构想：概念文件》中特别提出了"融合式评价"和"一揽子评价"两个概念。融合式评价是在注重结果的课程中，学生的进步情况是根据每个学习进程结束时预期的广泛结果测量的，如一般技能、能力和价值观。评价要得到反馈，了解儿童的学习情况和教师是否成功选择了适当的教学方法以及是否有必要调整教学速度或方式，可能需要一个持续的评估过程。这样一来，就可根据每个学生的成绩对其进行发展性的评估，而不是将其同其他学生相比较。在学生掌握新知识、新技能或能力，甚至是新态度和价值观后，在教师完成特定内容的教学后，以及在普通的课堂环境中，都可以用灵活的方式和时间进行评估。一揽子评价包括学生自己的成果，如学习结束后的最佳成绩、进行中的各种工作、已完成考试的样本、获得的证书、实现的目标、日常工作样本、对学习进度的自我评价和教师评语。研究显示，与标准化考试相比，公平因素如种族、族裔、性别和社会经济地位，在一揽子评价制度中减少了大约一半。但在使用一揽子评价时，性别差异朝着有利于女孩的方向扩大。

相关学者依据这两个基本概念提出，融合教育学校评价至少应该遵循如下几个原则：文化公平性评价原则，持续的动态性评价原则，扬长避短评价原则，多元化评价原则，通俗易懂的评价语言原则，个体差异性原则。因此，融合教育学校评价已经开始从过分强调量化逐步转向关注质的分析与把握，需要有行为观察、学习日记、情景测验和成长记录袋等评价方法的介入。

第七章　特殊教育的合作教学研究

特殊教育是基于团队的教育活动，合作已成为当代特殊教育最基本而又必需的实践形态，也是满足学生各种特殊教育需要的关键因素。没有合作的特殊教育既不存在，也不可能。本章首先强调了特殊教育合作的必要性，概述了特殊教育合作的内涵、意义及其团队组成；其次，重点讨论了特殊教育专业合作的问题，从专业体系分类的角度，重点介绍了以医学为主的物理治疗、作业治疗、心理治疗、言语与语言治疗等特殊需要专业服务的功能及特点；再次，对国外特殊教育专业团队合作的三种模式做了简要的评述；最后，比较详细地讨论了特殊教育家庭合作的意义、内容和方式，强调了特殊教育教师在家校合作中建立良好的互动关系和讲究沟通技巧的重要性。

第一节　特殊教育合作概述

一、特殊教育合作的内涵

（一）合作的概念及其条件

合作是个人与个人、群体与群体之间为了完成共同的目标所选择的一种工作方式。合作的前提是要有合作各方组成的人员，但仅有成员在一起并不意味着合作，只有当各成员明确工作的目标及其价值，并彼此尊重、达成共识，才能产生真正的合作。

合作具有条件性，成功的合作需要具备的基本条件有以下四个：

a. 一致的目标。任何合作都要有共同的目标，至少是短期的共同目标。

b. 统一的认识和规范。合作者应对共同的目标、实现的途径和具体的步骤等有基本一致的认识；在联合行动中合作者必须遵守共同认可的社会规范和群体规范。

c. 相互信赖的合作气氛。创造相互理解、彼此信赖、互相支持的良好气氛是有效合作的重要条件。

d. 合作的物质基础。必要的物质条件（包括设备、器材和工具等）是合作能顺利进行的前提，空间上的最佳配合距离，时间上的准时、有序等，都是物质条件的组成部分。

合作的条件性告诉我们，特殊教育活动中的合作要取得成功，作为合作的各方或成员之间都必须为合作创造条件，以实现共同的教育目标。

（二）特殊教育合作的特点

特殊教育合作是指参与教育活动的各方为促进特殊儿童最大限度的发展，相互协调、相互配合的教育行动及其互动过程。由于特殊教育活动的特殊性，特殊教育合作具有团队性、广泛性和专业性的特点。

1.特殊教育合作的团队性

特殊教育主要是基于团队的教育活动，团队性意味着特殊教育活动必须是由一群有着共同目标的群体人员共同参与、相互配合的教育活动，而不是单打独斗、孤立无援的个体行为。所以有人形象地比喻当代特殊教育是一个团队胜出、英雄淡出的年代。特殊教育活动过程中的每一步、每一阶段都需要团队成员为了满足学生的特殊教育需要而协作工作。因为特殊教育要想获得最佳的效益，教育组织就必须是最能发挥作用的有效团队。

2.特殊教育合作的广泛性

特殊教育对象的复杂性、特殊教育学科的综合性以及特殊教育生态的系统性，决定了特殊教育活动合作的广泛性。从系统论的角度看特殊教育合作的广泛性，可以划分为两个子系统，即特殊教育内部合作系统与特殊教育外部合作系统。特殊教育内部系统的合作主要是教师队伍之间的合作，包括教师与学生、教师与教师（含普通学校从事随班就读教育的教师）、教师与其他专业人员、教师与教育行政管理人员的合作等；特殊教育外部系统合作主要是特殊教育学校或教师等与家庭、社区、社会机构等部门的相互合作。

3.特殊教育合作的专业性

特殊教育合作的专业性体现在合作的内容和队伍上。从合作的内容来看，无论是指导学生学习，还是康复性的教育训练、医学治疗以及进行相关的家庭辅导，都需要有专业的知识、技能和方法，离开专业性的合作，学生的缺陷补偿与潜能开发就根本不可能实现。从合作队伍的成员来看，主要成员必须具备相应的专业知识和技能，要取得相关的从业资格认证。家庭成员虽然不一定是专业人员，但必须得到专业上的帮助并以专业的要求来具体实施，才能胜任对学生的家庭辅导。

二、特殊教育合作的意义

特殊教育合作的必要性是由特殊教育的特殊性所决定的。

（一）特殊教育需要的多样性

特殊教育需要的多样性，需要特殊教育教师队伍之间的紧密合作。特殊教育对象的复杂多样决定了特殊教育需要的多样性，对障碍学生来说既有感官障碍、身体障碍，也有智力障碍、情绪行为障碍等，不同的障碍类别，其特殊的教育需要都不一样。即使是感官障碍，视障学生和听障学生的特殊教育需要也不尽相同，因此不可能以相同的教育方式和方法来教育，也不可能由一两个教师来承担，而必须要考虑到通过不同教育方式的整合以及教师队伍间的密切合作，共同应对复杂多样的特殊教育需要。

（二）特殊教育实践的复杂性

特殊教育实践的复杂性，需要多学科、多专业、多机构的通力合作。特殊教育学科是一门综合性学科，它涉及教育学、心理学、医学、康复学、社会学、经济学和法学等多学科专业。许多特殊需要学生不仅面临学习的困难，同时也面临着身体、医疗、情绪和行为的挑战。因此，在特殊教育实践中，特殊需要学生的教育必须得到医学、心理学、社会学、康复学等专业人员的帮助，通过多学科、多专业、多领域的综合性合作活动，保障学生获得可持续、有质量的发展。

（三）特殊教育生态的系统性

特殊教育生态的系统性，需要特殊教育与家庭、社区和社会之间协调合作。特殊教育生态系统是由教育者、学习者、自然环境、社会环境、学校环境、家庭环境等因素组成的一种教育生态系统，在这个系统之中，构成每一个结构和功能的要素都必须相互支持、合作才能取得可持续的发展。从特殊教育学校内部关系来讲，教师与学生、教师与教师、教师与不同的专业人员之间需要密切配合、协作；从特殊教育学校和外部环境关系来看，学校与家庭、学校与不同的专业机构、学校与社会其他部门之间，同样也需调动各方面的积极性进行互助合作。因此，从生态环境着眼，从家庭、学校、社区、社会几个维度去了解、分析学生生活的环境，观察儿童与环境的适应状况，并且会利用、调整或改变环境的各个因素，建立以相互合作支持为宗旨的特殊教育生态系统，对于保障特殊儿童有质量的教育、推动特殊教育健康发展，具有积极且重要的意义。

三、特殊教育合作团队

（一）团队的概念

特殊教育主要是基于团队的教育活动，合作的团队性是其基本特征之一。团队在这里是一个重要的组织概念。所谓团队就是由两个或者两个以上相互作用、相互依赖的个体为了特定目标而按照一定规则结合在一起的组织。在合作的意义上，一般人们所说的团队与群体是两个不同的概念，它们既有联系又有区别。团队是通过成员集体的协调努力工作，实现团队的合作，达到组织的共同目标；而群体则主要是通过信息分享、做出决策，来帮助成员各自完成自己的本职工作。虽然团队与群体都有自己的组织目标、协作关系、工作责任和专业技巧，但在合作的性质、功能上有很大的差异。因此，团队和群体相比，最具区别性的特征在于：在合作的目的上，团队成员有着共同的愿景和奋斗目标；在合作的内容上，团队成员有各自的专业、兴趣和优势，形成互补；在合作的责任上，每位成员都有自己的职责和期望；在合作的精神上，团队成员具有高度的合作互助与互信关系。

团队　　　　群体

集体的成绩 ← 目标 → 信息分享

积极的 ← 协作 → 中立的（有时有副作用）

既是个人的也是集体的 ← 责任 → 个人的

互补的 ← 技巧 → 随机和变化的

7-1　工作团队与工作群体的区别与联系

（二）特殊教育团队组成

特殊教育团队是为了实现特殊学生最大限度的发展目标，而由相互协作的成员个体所组成的教育团队。特殊教育合作团队主要由学生、家庭成员、教师、相关专业服务者、教育管理人员等组成。特殊教育团队具有一定的层次性，其中学生、教师和家庭成员被称为团队的核心成员，处于团队的核心层，而其他成员被称为次核心成员。

在整个核心团队中，特殊教育教师的合作角色又是最为关键的，他们可以通过与同事、家长和学生的紧密合作，在整个团队中起到以下四个方面的关键作用：

a. 支持作用，在他们需要的时候提供帮助和支持。

b. 促进作用，帮助他们发展解决问题的能力、参与工作或应对挑战的能力。

c. 提供信息，提供直接的帮助，使他们能够在现有基础上更好地处理问题。

d. 规范作用，根据学生的教育目标和计划规定一个行动的方向。

因此，作为一名特殊教育教师，应该充分认识到自己教育教学合作的重要性，担负起更多、更大的合作责任，在合作团队中起先锋模范作用。

（三）团队合作的开展

特殊教育团队合作的开展主要有三种形式：协调配合、咨询请教和团队协作。

1. 协调配合

协调配合是为实现合作的目标，合作成员之间进行的调整、配合的活动。协调在合作关系中是最简单的一种合作方式。它只要求成员之间对合作的活动能够及时地、持续地沟通和配合，就可以维持合作的顺利进行。比如，不同的任课教师之间就各自课后辅导学生的时间安排进行协调，然后达成一致，以免辅导时间发生冲突。

2. 咨询请教

咨询请教是为实现合作的目标，合作成员之间相互咨询、求教，共同解决问题的活动。一般来讲，咨询请教往往是单向的，即新手向有经验者请教。然而在合作中，每个合作人都有自己的专业、特长、兴趣和优势，所谓"闻道有先后，术业有专攻"。因此，合作人的咨询请教的角色可以互换，既可以是请教者，也可以是被请教者。合作成员之间的相互咨询请教成为推动合作活动前进的不竭动力。

3.团队协作

团队协作是指为了实现合作的目标，由多个相互协作的个体所组成的正式团体，在实施具体的任务活动中同时行动、相互支持、共同努力的互动过程。团队协作是最高层次水平的合作，也是难度最大的合作方式。虽然团队组成的方式有不同的规模和结构，但不管什么样的团队，每一个团队成员都有自己既定的任务分工和职责，都明确地认识到成员之间相互学习、相互帮助、相互协作的重要意义。特殊教育团队协作主要是在学生、教师、家庭成员、康复治疗师、校医、行政管理人员和残联工作者之间展开的，如教师在课堂中的合作教学，辅助人员和教师一起工作，专业团队共同制订个别教育计划等。

第二节　特殊教育的专业合作

特殊教育专业的多学科属性，需要特殊教育相关专业学科人员之间通力合作。因为有障碍的特殊需要学生中的障碍学生不仅面临学习的困难，同时也面临着身体、心理、情绪和行为的挑战。所以，障碍学生的发展除依赖于教育外，还需要医疗、康复、心理和社会等各种专业人员的专业服务，通过不同专业人员之间的协作努力，才能保障学生获得可持续、有质量的发展。

一、特殊教育专业人员

（一）专业及其专业体系

在具体描述各种专业服务的功能以及不同的专业团队合作模式前，有必要把本章涉及的专业和专业体系两个概念做一说明，这样才能够更好地理解特殊教育专业合作的内涵。一般来说，专业是根据社会分工需要而划分的学业门类，如教育专业、医学专业、心理专业等。专业体系是指互相联系的各种专业构成的整体，如教育专业包括普通教育、特殊教育、学前教育、高等教育等；医学专业包括康复学、理疗学、保健学等。特殊教育专业合作指的是组成教育团队的各相关专业成员围绕学生的身心发展所进行的合作活动。因此，团队成员既有来自相同的专业体系的成员，也有来自不同专业体系的成员。

（二）特殊教育专业人员

特殊教育活动根据专业分工和学生的特殊需要服务内容，可以把从事特殊教育专业的人员分为不同的专业体系，主要包括教育体系专业人员、医疗体系专业人员和社会体系专业人员。在欧美等发达国家，尽管专业有所不同，但所有从事特殊教育服务的专业人员都必须具有职业资格，才能从事相关的教育服务。

1. 教育体系专业人员

教育体系主要是以教育教学为中心，对学生进行各种教育训练，其专业人员主要是教师，包括特殊教育教师、普通教育教师（主要是从事普通学校特殊班或随班就读工作的教师）、特殊教育行政人员等。

2. 医疗体系专业人员

医疗体系的服务多是由具有行医资格证的医师或治疗师提供的专业服务，主要从康复医学的角度实施康复治疗。其专业人员又可分为物理治疗师、作业治疗师、言语治疗师、心理治疗师、艺术治疗师、园艺治疗师等；而艺术治疗专业人员又可细分为音乐治疗师、绘画治疗师、舞蹈治疗师等。

3. 社会体系专业人员

社会体系主要是从社会福利服务的角度为障碍学生及其家庭提供相关的支援服务，其专业工作人员主要包括社会工作人员、职业指导人员、社区休闲服务人员等。

（三）专业人员合作的任务

作为一个合作团队，全体专业人员的共同任务主要包括以下四个方面：

a. 参与学生特殊教育需要的评估，主要包括特殊需要学生的鉴定、医学检查、学业成绩及各种功能性水平的评估。

b. 参与个别教育方案的制订，对学生的特殊教育需要服务进行全方位的设计和规划。

c. 提供教育需要的专业服务，即教育、医疗、社会各方面的专业人员协同合作支持教育教学的展开，包括课程教学、教具辅具开发、心理辅导及专业性的治疗服务等。

d. 提供家庭及社区的支援服务，向家长提供专业咨询和其他一系列的社会服务，并协调社区资源参与支持，包括家庭帮助和就业支持等。

二、特殊教育专业服务

特殊教育专业服务的内容广泛而全面，与发达国家相比，我国在这方面还有很大的差距。随着特殊教育的发展，尤其是特殊教育对象的扩大，多重障碍儿童教育日益得到重视，提供相关的特殊教育服务、培养相关的专业人员，已成为社会发展和特殊教育改革的必然要求。

（一）医学治疗服务

特殊教育活动中的医学治疗服务有许多内容，主要包括康复医学中的物理治疗、作业治疗、言语治疗、心理治疗、园艺治疗、艺术治疗等。艺术治疗又可以具体细分为音乐治疗、绘画治疗和舞蹈治疗。园艺治疗和艺术治疗属于心理治疗的范畴。本节中我们重点介绍特殊教育活动中最常见的物理治疗、作业治疗、言语治疗、心理治疗服务。

1. 物理治疗

物理治疗是针对障碍导致的功能受损状况，借助自然界物理因子对人体进行适当的生理刺激反应，以改善和提高生理功能的一种康复治疗方法。物理因子包括以下要素：声疗（治疗性的超声波）、光疗（包括红外线光疗、紫外线光疗、低能量放射刺激等）、水疗（包括旋涡浴、水疗运动等）、电疗（包括直流电疗、低频电疗、中频电疗、高频电疗或透热疗法等，而高频电疗或透热疗法又包括短波热疗、微波热疗和磁疗等）、冷疗（包括冰敷、冰按摩等）、热疗（包括热敷、蜡疗、透热疗法等）、力疗（包括牵引力、压力、撞击力、摩擦力等）。

物理治疗的主要内容是评估学生在身姿、平衡、移动等生理上的障碍状况，通过身姿摆位、放松训练、运动训练及提供支架或假肢等，维持其关节活动、促进身体运动（主要是粗大动作）的发展，减轻因身体障碍带来的不适与疼痛，改善或恢复机体的功能。物理治疗的目的在于预防、评估及治疗学生障碍功能与机体损伤的生理问题。

特殊教育活动中运用物理因子进行康复治疗的形式可以分为三种：运动治疗、徒手操作治疗和仪器治疗。

（1）运动治疗

根据运动计划的设计、动作的控制进行针对性训练，以提高障碍学生的身体机能与运动功能。

（2）徒手操作治疗

通过物理治疗师双手的操作，促进障碍学生身体软组织或关节等部位适当的活动，以改进身体结构的功能，进而促进学生动作技能的改进。我国传统的推拿按摩也是一种徒手操作治疗。

（3）仪器治疗

主要利用相关仪器通过物理因素，促进机体的血液循环、肌肉放松和功能锻炼，以此促进改善学生身体结构的功能，如超声波、水疗、牵引等。

2. 作业治疗

作业是人们一切活动的总称。作业治疗是针对障碍导致的身心受损状况，通过有目的的、经过选择的作业活动与训练来改善和提高生理、心理功能以及环境适应能力的一种康复治疗方法。

作业治疗工作的主要内容是评估学生感觉运动（动作）、感官知觉、动作协调、日常生活等行动功能，通过有意义、难度适中的作业活动训练，改善及恢复学生因疾病、伤害而受损的各项身体机能，协助学生日常活动的选择、安排与执行，引导学生主动积极地参与活动，将其潜能诱发出来。作业治疗的最终目的是改善障碍学生的日常生活功能，提高其生活质量。

特殊教育活动中运用作业治疗对学生进行康复治疗的内容可分为以下五个方面：

（1）进行功能性康复

功能性康复是预防或改善躯体功能障碍的治疗活动，主要包括关节活动度训练、精细动作训练、肌力增强训练、耐力训练等。学生通过完成作业治疗师精心设计和选择相应的作业活动，如工艺、木工、雕刻、游戏等，达到治疗康复的目的。

（2）进行情绪行为康复

学生在出现躯体功能障碍时，往往伴随继发的心理障碍，主要表现为情绪行为的异常。作业治疗师可以根据其心理异常的不同阶段，设计相应的作业活动，帮助学生摆脱否认、愤怒、抑郁、失望等不安的状态，向心理适应期过渡。学生可能会因环境的变化感到不习惯，作业治疗师可以根据学生的兴趣，设计有针对性的作业活动，对学生的心理进行支持性训练。比如，对具有愤怒、不满情绪的学生，可以设计陶艺、金工、木工等活动，通过敲敲打打进行宣泄。

（3）进行日常生活活动能力训练

日常生活活动是人在社会生活中必不可少的活动，如进食、更衣、梳洗和修饰、如厕、家务劳动等。在对学生的各种生活活动能力进行全面评价的基础上，要评估学生不能独立完成哪些动作、需要多少帮助，然后制订训练目标和训练计划。在项目难度较大、功能难以改善时，作业治疗还要进行环境控制、改造，同时要进行自助器具的设计与制作等，以配合项目训练的开展。

（4）制作辅具、矫形器

根据学生的具体情况，灵活地设计制作一些对学生的活动具有支持、辅助的器具或其他矫形器具等，并训练学生熟练使用这些器具，增强活动的功能。

（5）就业前相关的作业评估与训练

在学生结束医学康复训练前，作业治疗师需要对学生的躯体功能、精神状态、障碍的种类及程度、日常生活能力水平、学习能力以及可能从事的职业活动进行全面的评价和训练，为学生的职业康复提供充实的资料和依据。

与物理治疗相比，作业治疗着重对身体姿势及其稳定度的训练，促进学生在日常生活中的良好活动能力以及精细动作的改善。其主要服务项目包括精细动作训练、姿势控制训练、感觉统合训练、日常生活能力训练以及辅具制作、辅导咨询等。

3. 言语治疗

言语治疗是由言语治疗专业人员对各类言语障碍者进行治疗或矫治的一种康复疗法，其内容包括对各种言语障碍进行评定、诊断、治疗和研究。言语障碍包括失语症、构音障碍、语言发展迟缓、发声障碍和口吃等。在特殊教育活动中，言语治疗主要是对障碍学生的言语功能、口腔机能及语言发展问题进行评估和康复治疗，主要内容包括以下四个方面：

（1）言语康复

对语言发展迟缓与言语表现异常的学生进行检测、诊断及评估，包括语言发音器官、语言机能表现、构音表现、表达流畅度、沟通能力等问题的评估与诊断。

（2）口腔功能康复

针对口腔感知觉等问题进行评估、诊断与训练，如吞咽困难、流口水等问题。

（3）沟通能力训练

通过言语能力的训练或使用沟通辅具以提高学生的沟通能力。

（4）提供专业咨询及辅导

向家长、学生、教师提供有关语言异常的咨询及辅导，与此相关的还包括听力治疗服务，包括对学生听力损伤情况、听知觉情况、剩余听觉功能的评估和保健指导。另外，还涉及助听器的选配及使用、学习环境噪声的改善等。

4. 心理治疗

心理治疗又称精神治疗，是指运用心理学的技术与方法对心理障碍与行为问题进行矫治的一种康复疗法。心理治疗与精神刺激是相对立的。精神刺激是用语言、表情、动作给人造成精神上的打击，形成精神上的创伤和不良的情绪反应。心理治疗则相反，是用语言、表情、动作、姿势、态度和行为向对方施加心理上的影响，解决心理上的矛盾，达到治疗疾病、恢复健康的目的。因此，从广义上讲，心理治疗就是通过各种方法，影响对方的心理状态（影响或改变患者的感受、认识、情感、态度和行为，减轻或消除使患者痛苦的各种情绪、行为以及躯体症状），通过解释、说明、支持、同情、相互之间的理解来改变对方的认知、信念、情感、态度、行为等，达到排忧解难、降低心理痛苦的目的。

特殊教育活动中对学生进行心理治疗康复的主要内容是进行心理评估及问题的处理。其工作内容主要包括以下四个方面：

a. 协助教师解决学生在思考、情绪及行为问题上的偏差等；

b. 实施心理教育测验及其他评估，并进行问题的诊断及评估结果的解释；

c. 收集、整合、解释学生的行为及与学习有关的情况等信息；

d. 向学校其他人员提供心理咨询等服务，针对心理测验、会谈、行为评估等分析学生的特殊需要；

e. 制订及管理学生心理治疗服务方案，针对学生及家长适时进行心理咨询辅导等。

（二）社会支援服务

社会支援服务主要是为障碍学生及其家庭提供各种社会政策、福利以及职业指导和社区休闲帮助等服务。在这里，我们重点介绍发达国家、地区的社会工作人员支援服务的主要内容。社会工作人员主要协助家庭进行社会福利的申请、经费补助，并且筹办执行各项活动，以帮助学生在教育活动中获得最大利益，其服务内容主要包括以下八个方面：

a. 执行团队内部与外部的沟通、协调与联系工作，并提供个案管理、了解家庭需要和相关信息等；

b. 结合卫生、教育与社会福利资源，在校园中提供综合性的服务；

c. 促进学校、家庭及社区之间更紧密的联系；

d. 协助学校营造更好的教与学的环境；

e. 对障碍学生及其家人、教师进行社会政策咨询辅导；

f. 处理学生在家庭、学校及社区的融合问题；

g. 进行个案管理；

h. 协助学生和家庭有效运用周围各项资源和服务，并寻求福利补助等。

三、专业团队合作模式

传统上，由于学生的障碍相对较轻或单一，特殊教育的专业合作也很少见。除了教师外，即使有相关的专业人员参与特殊教育工作，其服务的模式往往是各自开展，很少花时间和精力与其他人员进行相互沟通联系。随着特殊教育的发展，尤其是特殊教育对象的扩大，许多重度或兼有多重障碍学生获得了受教育的机会，他们的特殊需要更为复杂和多样。因此，加强专业之间的协调和合作，共同为障碍学生的发展提供服务成为特殊教育发展必然的内在要求。当代世界的特殊教育，已经由单一的教育服务转向专业团队合作服务，并形成了许多专业团队合作的模式。下面介绍国外特殊教育专业团队合作的三种模式。

（一）多专业团队合作

多专业团队合作属于较早的初级合作模式。它是团队成员在团队负责人的主持下各自开展工作，成员之间的工作很少沟通、联系或合作。团队召集人与成员之间的联系也是单向的，在整个专业团队中，团队负责人拥有决策权。多专业团队合作模式既不需要太多的准备，也不需要规划共同的出席时间，其优点是方便、及时、有效。但是，由于协调不够，也因而造成团员之间各自为政，削弱了团队的集体力量。

（二）专业间团队合作

专业间团队的合作程度要高于多专业团队合作模式，它强调各专业成员之间相互依赖的合作关系，以建立起合作机制来保障团队合作的展开。在专业间团队合作模式中，成员之间的沟通是双向的，而且每一个成员具有相同的决定权。团队成员可分享不同专业领域内自行制订的计划，提供计划中与该领域内相关的服务。团队间的合作由团队协调员负责协调工作，最后整合团队的意见做出决策。这种模式的优点在于能较系统地分享观察、评估鉴定的结果，所提供的服务具有整体性。由于团队成员具有相同的权利，对学生整个问题的思考和教育计划的制订比较客观。

（三）跨专业团队合作

跨专业团队合作模式最主要的特色是将各种服务进行连接整合、互相训练，团队成员共同合作、完成任务。在合作中，团队成员围绕相同的工作目标，跨越彼此不同的专业领域界限，向学生提供间接的专业服务。如同专业间团队合作模式一样，此模式中由专门的协调员负责整个团队的合作，家庭也是合作的决策者之一，其内容是以家庭为中心。在跨专业团队合作模式中，成员之间的相互沟通最为密切，每个成员各以其专业的自身经验训练其他成员，但不直接服务于学生，而选定一位负责人（一般是特殊教育教师）在适当场所（如康复训练室、资源教室、学生家庭等）实施教育计划。专业人员主要是在技术运用、环境调整、课程改造等方面给予建议和指导。这种模式具有方案完整、执行集中的优势。但是，它也有缺点：由于提供的是间接专业服务，在经过协调者执行时，会造成专业信息递减，影响服务的合作效果。

我国的特殊教育团队合作面临着严峻的挑战，专业团队组建本身就比较困难，主要有以下原因：一是缺少与特殊教育相关的医学治疗专业人员，目前我国还没有重视这方面专业人才的培养；二是职业要求上，相关的职业资格认证和从业许可还不够完善；三是缺乏专业的学术指引，尤其是在特殊教育学校，重视认知发展教学而轻视功能康复训练的现象仍然普遍存在；四是缺乏系统的保障机制来整合相关专业人员的合作，比如特殊教育学校至今也没有相关治疗师编制的配备政策。所有这些都阻碍了特殊教育专业合作的发展与质量提高，也成为我国特殊教育发展迫切需要解决的重要课题。

第三节　特殊教育的家庭参与

家庭的参与是特殊教育合作的重要内容。在人一生的发展中，家庭对儿童生活的影响最为深刻、最为广泛。家长是儿童的第一任老师，他们不仅教给儿童许多知识和技能，也给予他们鼓励、督促、赏识和指导。除了极少数家长外，没有谁比家长更了解、更关心自己的孩子。当今，人们已认识到，家庭的支持和家长的参与是特殊教育有效开展的基本条件，也是提高特殊教育质量的重要保证。美国等西方发达国家已通过法律，对特殊儿童家长参与教育的权利、义务与内容做了具体而明确的规定，以保障家庭教育的参与。

一、家庭参与的意义

（一）家庭参与具有独特的教育优势

家庭参与特殊教育的重要性首先在于家长对学生的了解具有独特的优势。家长是了解学生具体信息最多的人。由于家长和儿童生活的时间比教师和其他专业工作者更多，在有关校外的一些关键信息方面，诸如学生的兴趣、动机、习惯、恐惧、压力、需要、健康状况、日常惯例等，家长掌握得最多。在特殊需要学生的整个教育学习生涯中，家庭成员可能是唯一参与其整个过程的合作团队成员。因此，家庭的参与具有不可替代的作用与优势。

（二）家庭参与是提高质量的重要保障

家庭参与特殊教育也是寻求更为有效的教育成果的重要保障。为了满足学生的特殊教育需要，教育者必须扩展传统的课堂教师的角色和作用。这种角色作用的拓展要求我们认识到，对特殊需要学生的教育，绝不只是学校或课堂上的知识教学，还应该包括在家庭、社区的语言、社交、自理、休闲等可持续的基本生存技能训练。显然，教师必须寻找课堂之外的协作与支持。家长和其他家庭成员就是这种自然的资源和必要的教育伙伴。众多的特殊教育经验表明，当家长和家庭其他成员积极地参与时，特殊教育的效果会显著增强。至少，教师和学生都可以从家长所提供的关于学生校外各方面的具体信息中获益。实际上，家长能够做的远比这些要多得多。他们可以协助教师在家里、社区中对孩子进行一些额外的或新的技能训练。一旦家长明确了孩子的学习需要，并积极地参与到教育活动之中，那么在家长的协作下，教师所布置的校外工作，就一定能取得成效，这对学生和家庭都具有重要的意义。

（三）家庭参与可以发挥多方面的作用

正因为家庭参与具有独特的教育优势，因此特殊教育的家庭合作具有不可替代的多方面的作用，主要表现在以下六个方面：

a. 扩大和强化了社区对特殊儿童家长的帮助和指导作用，增强了特殊儿童家庭的归属感；

b. 更好地利用了学校、家庭和社区的各种教育资源；

c. 通过合作，与学校共同分担了教育和训练特殊儿童的责任；

d. 保护了家庭的完整以及增强了家庭内部的凝聚力；

e. 充分地发挥了家庭的教育功能；

f. 充分地利用了各种人力资源，包括整个家庭成员，如双亲、兄弟姐妹、祖父母等。

总之，无论是特殊教育学校还是其他特殊教育机构，无论是特殊教育教师还是其他相关的专业人员，都必须重视家庭的参与，注重调动家长在教育中配合、支持的积极性，充分发挥他们的教育作用，共同为学生的发展做出不懈的努力。

二、家校的双向合作

特殊教育学校和家庭都是对特殊儿童进行教育的重要环境，共同担负着促进学生发展的教育任务。但是双方的性质、功能及其条件不同，其合作的角色、工作任务和教育方式也有所不同。学校与家庭教育合作的内容包括以下两个方面：家庭对学校的教育参与和学校对家庭教育的专业支持。

（一）家长的教育参与

家长不只是特殊需要学生的监护人，更是特殊教育工作的合作伙伴，也应成为特殊教育工作的决策者和监督者之一。西方发达国家非常重视家长在特殊教育中的作用，近年来我国也开始逐步重视特殊教育家庭合作的重要性，不少地区和学校更以积极的教育合作态度邀请家长参与特殊教育工作，使之成为教育活动中的重要资源。家庭参与教育的主要内容有如下五个方面：

1.维护学生的合法权益

家长在教育中可以扮演监督者的角色，以监督教育机构的活动，保障特殊教育的适切性和有效性。家长应主动向学校询问有关特殊需要学生及其家庭的权益知识和政策、资源，家长也有权参与学生教育活动的设计与安排，同时根据需要配合学校教师在家庭或社区中对学生进行相应的教育和训练。在国外，家长的意见可以决定教育方案能否实施。

2.交流相关教育信息

为了掌握学生的各种特殊教育需要，教师除了依赖平时在教育场景中对学生的观察、测试外，大量的信息需要由家长提供，包括学生的养育情况、医疗情况以及在家庭、社区生活中的表现等，都是必不可少的资料。家长应向学校提供有关儿童在家庭、社区中生活学习等方面的真实信息，为评估诊断学生的特殊教育需要提供依据，或者为修订教育计划、改进教育策略、调整教育方法提供有效的反馈。

3.参与学生的教育活动

家长应积极主动地参与学生的教育诊断、评估与教育方案的制订。诊断评估与教育方案的制订是特殊教育起始性的基础工作，也是整个教育过程中的重要一环。参与学生的诊断、鉴定与评估以及教育方案的制订既是家长的权利，也是家长的义务，更是配合学校搞好家庭教育的前提。

4.咨询教育方法和策略

由于家长缺乏相关的特殊教育专业知识、技能，因此要做好家庭、社区中对特殊儿童的教育，就必须向学校或专业机构了解、咨询相关教育方法和策略，提高家庭教育的水平和质量。

5. 进行家庭辅导和训练

家庭辅导和训练是特殊教育任务的重要组成部分。家长应根据学校的要求，通过协作性的辅导和训练，来巩固和深化学校教育的效果，如视功能训练、唇读训练、适应性技能训练、行为矫正等。

概言之，家长的参与不仅可以强化教育的效果，而且也体现了当代全员育人、全程育人、全景育人的新理念。家庭中的每一分子，都应积极参与到特殊儿童的教育之中。

（二）学校的专业支持

特殊教育学校是特殊教育的专业机构，拥有丰富的专业资源，在家校合作中应主动积极地与家长联系，向家长宣传科学的教育知识和方法，帮助家长创设良好的家庭教育环境，共同商讨、总结经验和解决家庭教育中的困难和问题。学校对家长的专业支持主要有以下三个方面：

1. 心理咨询支持

如前所述，对家长来说，障碍孩子的降生或者发现儿童有某种障碍是重创性的事件。运用自己的专业知识和经验，采取理解、疏导、说服、解释、引导等方法，帮助家长勇于面对现实，树立正确的特殊教育观念，平稳度过心理危机期，尽量减轻由于障碍孩子出现带来的心理负担，是特殊教育教师义不容辞的义务，也是充分发挥自身专业优势、开展家庭教育合作的重要内容。

2. 法规、政策宣传的支持

积极主动地向特殊儿童家长宣传国家的特殊教育方针、法规和文件，帮助家长提高特殊教育的政策水平，加深对特殊教育意义的认识，同时也使家长明确自身的权利、义务和责任，更好地协助学校、社会共同做好对孩子的教育。

3. 教育训练支持

通过各种方式和形式，帮助家长了解特殊儿童的身心特点、行为表现，教给他们一些常用的方法、技巧和策略，指导家长的教育辅导和训练，积极提供一些有效的教育资源和信息等。

三、家校合作的方式

特殊教育学校应积极创设有效的家校合作机制，建立起良好的教师与家长合作的互动关系，不断推进家庭的教育合作。学校与家长的合作是互动双向的，方式也多种多样。概括起来，大体可以分为个别方式和集体方式两大类。

（一）个别方式

1. 家庭访问

家庭访问是学校与家长进行合作的常用方法。家访的目的在于沟通交流情况，商讨教育合作的内容、方式和方法等，争取家庭和学校之间同心协力、紧密合作。特别是在特殊儿童入校教育的初期，教师应通过家访，深入了解学生在家中的真实表现、家长对儿童教育的认识、家庭及其社区周围环境对特殊儿童身心特点的影响。这些自然场景中的学生表现信息，往往是有效诊断评估的重要依据。在进行家访时，要注意针对不同家长的特点，从尊重家长的观点出发，建立良好的合作关系。每次家访必须要有明确的目的、要求，并做相应的记录。根据家庭访问的具体目的与内容，一般可将家访分为了解性访问、宣传性访问、商讨性访问、通报性访问、警告性访问等。

2. 个别交谈

个别交谈是一种非常灵活、机动、有效的方式，它包括教师利用接送学生的时间与家长交谈、电话交流和专门约谈等形式。前两种是最简便、最经常的联系方式。特别是在我国目前许多特殊需要学生寄宿学校的情况下，这种方式就显得更为普遍和重要。尽管时间不长、内容简单，但能及时互通信息，使双方都能及时了解学生在家、校的近期表现，便于双方及时配合。约请家长进行个别交谈，则是有目的、有计划、认真严肃的谈话。交谈的内容、要求应明确，特别是对很少见到的家长，教师除了向家长介绍近期孩子的变化、听取家长的意见外，更要与家长共同研究今后配合教育的具体措施和方法。

3. 家教咨询

家教咨询也是一种常见的指导家庭教育的有效方法。家长在配合学校的教育训练中，由于专业知识、技能的缺乏，实践中会遇到许多疑难问题，作为学校和教师以及其他特殊教育工作者，应设法创设一些机制，通过定期或不定期的方式，给予答疑解惑。例如，通过家长信箱、网站、咨询室等接受家长的咨询。有些学生需要长时间的咨询和帮助时，应根据需要，拟订专门的咨询计划。

4. 家庭联系本

家庭联系本是记录反映学生在家、校之间表现活动的一种简便的载体，也是家校沟通交流的一种有效形式。一方面，教师可以借助联系本，把学生一天的学习情况、进步表现、出现的问题及家庭作业等及时地记录反馈给家长；另一方面，家长可以通过联系本记事了解情况，并根据教师的建议，有针对性地对学生开展家庭辅导。认真记录、全面反映、持续沟通的家庭联系本，可以成为学生发展成长的轨迹档案，实际上也是一本极具价值的教育研究个案材料。

（二）集体方式

1. 家长会

家长会是特殊教育学校开展家校合作普遍采用的工作方式。家长会有班级家长会和全体家长会两种。班级家长会是教师做好本班学生家长工作经常而有效的方式。一般在学期初、学期中和学期末举行。班级家长会围绕学生的发展，议题可多种多样，一般由班主任主持，任课教师和其他专业人员协同参与，介绍班级学生的情况、分析学生的问题、提出教育任务和需要家长配合的建议。全体家长会的主要任务是与家长共同探讨特殊教育学校建设和家庭教育的规律，以提高教育质量和家长的教育素养，如讨论学校的发展规划、工作制度、家校合作的意见、成立家长委员会等。全体家长会一般由学校牵头，校长与家长委员、教师代表等共同筹划举行，每年开会 2~3 次。

2. 家长委员会

家长委员会由全体家长会推选的委员或由学校提名经全体家长会通过产生的委员组成。家长委员会的主要任务是和学校领导共同研究家校合作工作的开展、落实、检查，推动学校教育教学和康复训练质量的提高；同时也要帮助家长了解学校教育的计划和要求，协助学校改进工作，并及时反映家长对学校的意见、建议，根据家长的需要举行专题讨论会、组织优秀家长交流家庭参与教育的成功经验等。

3. 家长学校

家长学校是对父母和其他家庭成员进行特殊儿童教育、训练的学校。可以定期举办，也可以根据需要适时灵活地举行。家长学校的主要任务是向家庭成员普及特殊教育知识。教育内容的确定，应根据家长所关心的问题和家庭教育中易犯的错误，比较系统地讲授有关知识，并有针对性地辅导一些康复训练技能。

4. 家长开放日、活动日

通过开放日、活动日和多种形式的教育活动，让家长定期来学校参观学生的成果展示、观摩教学活动或参加学生联欢会等，这样可以使家长具体地了解学校的教育内容和方法，看到自己孩子的成绩和不足，有助于密切家长和老师的关系，进而在家校合作方面更加主动和配合，增进家长对学校的关怀、热爱之情，也有助于提高学校工作的透明度，增强家长参与的荣誉感和自豪感。

总之，特殊教育的家校合作，与学校的教育、训练工作具有同等的重要意义和价值。它如同车有两轮，缺一不可。无论是教师，还是学校领导和全体教工，包括学生的家庭成员在内，都应该不断提高相互合作的意识，积极努力、密切配合，共同做好特殊需要学生的教育工作。

四、家校合作的沟通

沟通在信息学的意义上是指将某一信息（或意思）传递给客体或对象，以期取得客体做出相应反应的过程。沟通在社会交往中是一门艺术。特殊教育家庭合作的有效开展有赖于教师或学校与家长的良好沟通。由于角度不同、专业背景知识不同，家校合作中经常会产生一些冲突，其主要来自对学生的教育要求、教育方法的不同观点。譬如，有些家长可能对孩子的教育提出许多问题、建议，甚至是非常糟糕的要求，而对老师的专业解释不愿接受，这样往往导致合作中的冲突和困难，影响教育的效果。这些冲突一方面可能是由于家长的固执己见造成，另一方面也可能由于家长处于专业的弱势地位，缺乏特殊教育的知识而感到不安、无奈或困惑。因此，家校合作中的沟通、理解显得尤为重要。

（一）理解障碍学生对家庭的影响

当家长和教师为了学生的发展而一起工作时，他们自然就形成了一个强有力的团队。一起工作，就必须相互交流沟通，而有效的交流沟通有赖于合作双方对对方负责，对对方困难的理解与尊重。对教师来说，与家庭合作的关键一步就是首先要理解障碍儿童给整个家庭带来的挑战和影响。

对家庭来说，有障碍孩子就意味着家庭要面临经济上的、物质上的、精神上的甚至是家庭关系调整的巨大挑战。许多研究表明，绝大多数障碍儿童的家长要经历一段艰难的心理调整适应期。一般有三个阶段：面临期、调整期和适应期。

1. 面临期

当家长刚开始得知孩子有障碍、残疾的信息时，往往处于一种心理危机的阶段期。在这一阶段，家长的情绪特征主要表现为震惊、怀疑、否定。此时，他们很难冷静地面对事实，总是怀疑诊断的准确性，并想方设法到处求医，希望能够推翻原有的结论。

2. 调整期

在经历一段心理危机后，接下来的心理反应往往被生气愤怒、内疚原罪、压抑失望、羞愧自惭所代替。在这一阶段，家长主要处于一种无奈痛苦的心境：要么愤懑发泄，要么自责悲叹。此时仍然不能理性地对待孩子，往往出现两种极端的倾向：一种是对孩子过于保护，导致溺爱；另一种是不愿养育孩子，甚至遗弃孩子。

3. 适应期

在经历过艰难痛苦的挣扎后，最终绝大多数家长能够接受残酷的事实，逐渐开始平静而理性地思考孩子的成长，咨询孩子的发展与教育问题。

对特殊教育教师来说，一定要理解障碍学生家长的心理反应。根据不同阶段的心理特征做好家长的思想工作。当然，由于家长的社会经济、文化背景的差异，在具体的表现上也可能存在差异，有的即使把孩子送到特殊教育学校，但思想上仍不愿接受孩子的障碍事实，或是在心理态度上产生一些反复，特殊教育教师应该给予理解和尊重，要通过耐心的解释和引导，争取家长的支持和配合。

（二）掌握良好的沟通技巧

要准确地传递信息，建立起良好的互动关系，教师和家长沟通时，绝不能以专业者自居，必须以积极的态度、平等的关系来营造良好的沟通氛围，同时要选择适当的沟通方式与家长进行坦诚的交流。与家长合作沟通时最重要的是要注意自己的言谈技巧，包括言谈的态度、方式和具体的措辞语言。一般而言，使用的词句不宜以高姿态的口吻或消极性的用词，应选用温和、中性、尊重对方的积极性用词。为此，一些学者在总结许多成功与失败的经验基础上，认为应注意沟通时的用词问题（见表7-1），并提出了以下较为有效的沟通技巧。

表7-1　消极性用词与积极性用词示例对照

消极性用词（避免使用）	积极性用词（替代使用）
1.必须	1.应该
2.懒惰	2.可以更有效率
3.文化剥夺	3.文化差异
4.麻烦制造者	4.扰乱秩序
5.不合作	5.应学习和他人一起工作
6.表现低下	6.表现他的工作水准
7.旷课的人	7.未经允许而缺席
8.鲁莽的	8.失礼的
9.小偷	9.未经允许取用东西
10.肮脏的	10.没有好的生活习惯
11.漠不关心	11.自满的、不接受挑战的
12.固执的	12.坚持自己的立场
13.浪费光阴	13.可以更加善用时间
14.脏兮兮的	14.可以更整洁的
15.卑鄙的	15.很难和他人相处
16.重复地、一再地	16.一直如此
17.学习表现很差	17.学习表现低于平常水准

a. 接纳：教师应主动显示对家长知识的尊重和理解，也应使用能被接受和了解的词语。

b. 倾听：主动而积极地倾听家长的陈述和意见，并明确家长所说的内容和意图。

c. 询问：以探寻的口吻来了解家长的观点，进而不断提出问题来了解家长的想法和愿望。

d. 鼓励：谈及障碍孩子的缺点时应强调孩子的其他优点，设法找出孩子的优点和强项，并以鼓励的口气来结束晤谈或会议。

e. 持续讨论与指导：继续讨论所讨论的课题，指导家长注意到教师所提到的重点。

f. 发展出共同点：教师与家长双方的共同目标就是协助身心障碍儿童发展与成长。

第八章　基于辅助科技背景的特殊教育发展

国家对特殊教育重视程度的不断提高、融合教育理念的兴起，促使辅助科技在特殊教育上的应用越来越普遍，在辅助科技的支持下，特殊需要者获得融合社会、主动参与学习的机会。辅助科技的近得性（accessibility）、连通性（connectivity）、供应性（affordability）是关键，反映出辅助科技能促进融合，相对地也能造成融合的障碍，因此对于辅助科技的理解十分重要。

第一节　辅助科技的定义与应用范畴

一、辅助科技的定义

辅助科技一词，是从 assistive technology 翻译而来的，普遍用词上并不统一。在相关法规上，有的称"辅具""辅助器具"或"辅助器材"；在研究文献上则多称"辅助科技""科技辅具"。不过随着科技发展的多样化，以及融合教育的兴起，辅助科技的内涵发生了变化，依据联合国教科文组织界定："辅助科技已与现代主流科技、数字媒体格式与内容及网络学习系统等整合为信息通信技术（Information and Communication Technology，Ict）促进融合教育的范围之中。"因此，不论是家长还是教师，甚至残疾人本身不应局限依赖传统辅具，而是利用广大普及的辅助科技来扩大或替代原本的障碍功能达成融合教育（或社会）的目的。

国内外文献对于辅助科技的定义，多援引美国 1998 年所颁布的《辅助性科技法案》（Assistive Technology Act）的界定，辅助科技应包括辅助科技设备及辅助科技服务两部分。辅助科技设备的定义为"一个（种）产品、设备或系统，无论是现成商品、经由改造或是特别设计，其目的在于增进、维持或改善身心障碍者本身的能力"；辅助科技服务定义为"直接帮助身心障碍者在选择、取得或使用辅助设备的任何一种服务"。由此可知，辅助科技不只有设备而且也包括服务。

（一）辅助科技设备

许多人一直认为辅助科技设备一定是经过特别设计的高科技产品，但从上述的定义中可以看出辅助科技设备所涵盖的范围广泛，因为只要是可以增加、维持或改善身心障碍者能力的设备都可以算是辅助科技设备。以下说明何谓"增加""维持"或"改善"身心障碍者的能力：

1. 增加残疾人的能力，是指残疾人原来没有的能力但通过辅助科技设备的帮助后，让他们可以拥有和正常人一样的能力。例如，一位缺乏正常的口语沟通能力的重度脑瘫患者，通过辅助沟通（Augmentative and Alternative Communication，简称 AAC）的协助，让其可以拥有口语般的沟通能力。

2. 维持残疾人的能力，是指让残疾人通过辅助科技设备的帮助，让其基本能力不要恶化或消失。例如，一位重度肢体障碍者，通过摆位或定位辅具（positioning devices），让其肢体功能可以获得维持。

3. 改善残疾人的能力，是指残疾人通过辅助科技设备的帮助，让其残余功能提升。例如，一位轻度的听障者，可以通过助听器来提升听觉能力。

（二）辅助科技服务

辅助科技服务是指直接用来帮助身心障碍者评估、选择、取得（包括购买、租用及借用）、设计、训练、使用、维修、回收辅助科技设备的任何服务。包括下列六个项目：

1. 评估身心障碍者辅助性科技的需求，包括对身心障碍者所处的环境中合适的辅助性科技设备与服务进行功能性的评估。

2. 购买、租用及提供障碍者其他获得辅助性科技设备的服务。

3. 协助辅助性科技设备的选择、设计、调整、定做、修改、申请、维修及替换服务。

4. 协调并使用所必需的治疗、介入或服务，能配合辅助性科技设备的使用，如与教育和康复计划相关的治疗、介入或服务。

5. 提供身心障碍者训练或技术协助，如果适合，提供身心障碍者的家人、监护人或法定代理人训练或技术协助。

6. 提供相关专业人员（包括提供教育和康复服务者）、雇主或其他提供服务者训练与技术协助。

二、辅助科技的应用范畴

根据 Blackhurst 与 Edyburn 及固定辅助技术研究机构的看法，科技在特殊教育上的应用可分成下述六大类：

（一）教学技术

教学技术是指有系统的教学方法，亦即能将有效的教学法及教学理论等应用在科技的学习及使用上，如增强原理、直接教学法、工作分析法、合作学习等策略的应用。

（二）教学科技

教学科技是指能运用各式媒体进行教学及学习，如常见的计算机辅助教学以及多媒体、电视等应用在教学中。

（三）辅助性科技

辅助性科技指的是帮助特殊学生的各种辅助科技设备及服务。其范围较广，包括轮椅、助听器、沟通板、盲用计算机、特殊开关、辅具评估服务等。

（四）医学科技

医学科技是指为协助学生存活或维持出院后的生活功能之科技设备及服务，如呼吸器、尿袋等。

（五）计算机化教学管理工具

计算机化教学管理工具是指能提高教学工作效率的软件及硬件设备，包括用 Word 制作学生作业单、用 Excel 管理学生成绩、用 Access 管理学生数据等。

（六）信息通信技术

信息通信技术是指能提供丰富知识及资源的网络科技设备及服务，如学习资源网络、网络数据库查询系统等。

综合来说，辅助科技呈现多面向的特点，依据低科技与高科技的概念以及辅助科技的工具与媒介功能，提出四个象限：传统的工具性使用（实质—工具）、传统的创造性使用（实质—媒介）、科技的操作性使用（虚拟—工具）以及科技的创造性使用（虚拟—媒介），前两者属于辅助器具概念，后两者属于辅助科技概念。

1. 传统的工具性使用（实质—工具）：产品本身设计的目的即是原来使用的功能，如放大镜、盲杖、扩视机、点字机等。

2. 传统的创造性使用（实质—媒介）：产品使用时已改变本身设计的目的，如点字触摸显示器、数位有声书播放器等。

3. 科技的操作性使用（虚拟—工具）：着重于科技产品的操作，如屏幕报读软件等。

4. 科技的创造性使用（虚拟—媒介）：着重于科技产品的创新使用，如空间导航、环境辨识等。

第二节　辅助科技评量

辅助科技评量是提供辅助科技设备和服务的第一步。个案本人及家人是团队的主要成员，评量团队包括教师、治疗师、康复专业人员、建筑设计师、社工、雇主、朋友和各种家庭成员等。教师知道学生的学习内容及哪一类辅助科技可能会帮助学生学习。语言治疗师能评量及建议合适的软件或硬件装置以满足学生沟通的需求。职能及物理治疗师可以决定学生的科技使用接口并对摆位、环境改善提出意见。建筑设计师等，可以帮助学校改善学校建筑以便帮助障碍学生参加各种学校活动。社工可以帮助找到辅助科技的补助经费来源，康复工程师则根据团队的建议制作合适的辅具。以专业团队合作的方式完成评估并整合意见才能有效利用辅助科技设备于身心障碍学生所处的情境中提供适当的服务。

下面分别说明三种常见辅助科技评量服务模式的理论概念与评估架构。

一、SETT 模式

SETT 模式由美国肯塔基大学的 Zabala（1995 年）所提出，强调在思考身心障碍学生辅助科技需求时，应同时从学生、环境、工作以及工具四个层面加以思考并收集相关资料，以协助个别化教育计划团队成员做统筹的考虑。

1.学生部分，主要考虑学生所必须从事的活动有哪些，以及学生从事这些活动时的能力与特殊的需求是什么。也就是要了解学生需要做什么事，而且学生目前的能力水平以及参与这些活动时可能会有的障碍。

2.环境部分，要了解学生会置身在哪些环境，在这些环境中，教学与物理环境会如何安排，是否有特殊考虑；在目前的环境中，是否有可供利用的材料和设备，教学环境是否必须调整；学生以及周边的人可以提供什么支持，以及在目前的环境中可能会影响学生表现的人，他们对学生所持的态度和期望为何。在这里要收集学生所处环境中物理环境以及人为的影响因素。

3.工作部分，要了解学生在所处环境中必须完成的活动有哪些，哪些活动支持学生的课程学习；分析这些活动中的主要要素是什么，这些活动是否需要根据学生的特殊需求做调整或修改，科技的支持是否可以协助学生主动参与这些活动。

4.工具部分，必须思考是否有合适的辅助性科技设备与服务可能增进学生的表现。低科技和高科技的运用都必须被考虑，并且将工具运用在学生的环境中。

SETT 模式适用于身心障碍学生，其评估的方式并没有特定的流程，主要是借由回答一系列的问题，收集必要的资料以提供个别化教育计划团队成员做合适的决定。

二、HAAT 模式

Human Activity Assistive Technology（人类活动辅助技术）模式由 Cook 和 Hussey（2002 年）修改而成，强调考虑四个因素，包括情境、人、活动以及辅助科技。所谓辅助科技是指个人在特定情境下，利用辅助性科技设备完成应执行的活动。

1.个人部分，主要评估个人各项与生俱来或习得的各种能力，包括感官、认知、动作、语言和情绪等方面。

2. 活动部分，可以分成日常生活活动、工作与生产活动以及游戏与休闲三个基本类型。辅助科技介入的重点是希望能促进个体的功能性表现，而活动正是代表了个人表现的功能性结果。个人所需从事的活动，可以从其所扮演的生命角色（life role）加以考虑。个人在一生中所扮演的角色会随年龄而改变，学生、职员、父母等，也可能同时兼具几种角色。例如，一个 15 岁的人，可能有学生、朋友、儿子、哥哥等不同的角色。个人所扮演的角色不同，其所需（或所被期望）表现的活动也不同。评估个案使用辅助科技需求时，得考虑其所需从事的活动项目，接着再从其所需从事的活动中，分析所需完成的工作。例如，一位学生可能需要执行阅读、记笔记、写作业、做报告等工作。借由这些工作的完成，个体才能展现应用的功能。因此，评估时得先考虑个案需要扮演哪些角色、这些角色需要从事哪些活动，再细分这些活动需要完成哪些工作，最后再检视个体是否有能力完成工作。

3. 辅助科技设备部分，可以分成硬件和软件两部分加以说明。在硬件部分，主要考虑人机接口（human/technology interface）、处理器（processor）、活动输出（activity output）、环境接口（environmental interface）等。在人机接口部分得考虑个人操作设备的方式（access method）、控制接口（control interface）、设备回馈的输出（displays），以及姿势摆位或支撑系统。在处理器部分主要是考虑对输入 / 输出数据的处理系统（芯片）。活动输出部分评估辅助性科技设备可以让个案从事哪些功能性的活动。例如，沟通器可以协助口语表达的工作，电动轮椅可以协助完成行动的功能。环境接口是指设备与外在环境链接的接口，提供个案视觉、听觉与触觉表现的支持。在软件科技部分，则包括提供个案表现协助、书面的指导以及训练等。

4. 情境因素部分，主要得考虑个人所处环境（setting）、社会情境（social context）、文化情境（cultural context）以及物理情境（physical context）。环境又包括居家、职场、学校、小区等，在不同的环境所需做的工作也可能不一样。社会情境则是个体使用辅助性科技设备时会遇到的人。所遇到的人不同，可能使用的辅助性科技设备也不同。例如，有口语表达困难的人，在面对陌生人时，可能需要一个能够快速表达其想法的沟通器；而在与同学讨论课业时，则会希望其沟通器中有与课程内容相关的词汇可供选用。文化情境是指考虑个案所处环境中人们对辅助性科技设备的看法。例如，是否接受个案使用轮椅来行动或使用沟通器来与人沟通？这经常涉及周边环境对使用辅助性科技设备的负面态度。物理环境则主要考虑所在环境中的温度、湿度、噪声、光线等物理的因素。例如，个人数字助理（PDA）式的沟通器或许在教室中是好用的设备，但在加油站，由于光线和噪声的干扰，可能就不适用了。

HAAT 模式适用于所有身心障碍者，评估的过程须由多专业团队来执行，评估方式特别强调四个因素是环环相扣且互相影响的，因此评估结果即某特殊情境下个人、活动与辅助性科技的整合。

三、ICF 模式

世界卫生组织（WHO）于2001年颁布"国际功能、障碍和健康分类标准"（International Classification of Function，Disability，and Health，简称 ICF），这是一套可用来描述个人健康情况及相关评估工具的分类系统。ICF 修订自 1980 年的"国际损伤、失能及残障分类标准"（International Classification of Impairment，Disability，and Handicap，简称 ICIDH）。ICF 强调描述个人的功能层级，而非描述损伤层面。此架构可以提供评量、诊断、介入，以及成效评量的参考。ICF 模式强调从多个面向来衡量一个人的健康状况，可简单分为身体功能与结构、活动表现、角色参与、环境与个人因素。身体功能与结构指的是解剖生理机能；活动表现则是某情境下个体需要展现的能力，如移动肢体或说话；角色参与意即生活中的角色扮演，如学生、子女；环境与个人因素包含个人所处的物理和社会文化环境以及生活形态。该架构重视个人执行功能的程度，同时也考虑情境对个人的影响。

Lenker 与 Jutai（2002）则进一步将 ICF 的评估模式套用于评估辅助性科技的成效，在 ICF-AT 模式下纳入辅助性科技设备、辅具经费来源、辅具补助的标准以及相关成效评估的考虑。根据这些面向衍生出相对应的辅助性科技介入，此模式多应用在医疗情境下。举例来说，若个人基本生理功能有缺损，介入就以医疗上的辅助性科技设备为主，如心律调节器、人工关节、人工电子耳等，并提供医疗上的各项检测与资源；若是认知、感觉、动作等方面的活动表现元素有困难，那么专业人士可建议使用移行辅具、助听器、沟通辅具等设备以改善个案的活动表现，并利用标准化的评估工具来了解个案的状况与介入成效。若是在角色参与有困难，如工作上的困难，则可利用就业相关辅具及工作调整等策略协助个案，并且寻求就业辅导相关经费补助。

第三节　辅助科技的介绍与趋势

一、视障辅助科技

视觉障碍者可分为低视力及全盲。低视力是因老化、疾病或意外伤害使得视觉功能退化，必须通过辅具、环境调整、其他感官功能并用等获取视觉讯号。全盲则是无法利用视觉学习，需经由触觉（如点字）或听觉（报读软件、车流声）获取外界讯息。

（一）低视力辅助科技

1.特制眼镜：可达到的目标有很多种，包括屈光矫正、斜视矫正、放大、望远、延伸视野、防眩光、遮光及增强对比等功能均有机会通过特制眼镜获得调整，一般来说可适度调整视力，但会因个人的眼疾原因和损伤部位而影响视觉功能提升的幅度。

2. 手持望远镜：将较远处的影像拉近、放大。

3. 放大镜：放大目标物影像，一般来说有以下常见的种类：手持式、手持照明式（白光、黄光、绿光等不同光源）、文镇式、尺状、站立式、台灯型、颈挂式等。

4. 可携式扩视机：利用影像投射放大的原理（就像使用投影机一样），将目标物放大并在显示器（屏幕）上呈现；也附带有改变颜色、对比模式、增减亮度等功能以提供协助。可携式扩视机体积小，外出使用方便，因屏幕小，一次能见的字数少，较适合短暂的阅读。附支架功能的可以用于书写。

5. 桌上型扩视机：利用影像投射放大的原理（就像使用投影机一样），将目标物放大并在显示器（屏幕）上呈现；也附带有改变颜色、对比模式、增减亮度等功能以提供协助。桌上型扩视机体积稍大，主要在固定区域使用，屏幕大，一次能呈现的画面也较多，适合长时间的搜寻、阅读和书写。

6. 视障用视讯放大软件：如 ZoomReader 软件、放大镜 Magnifier 软件、微软内嵌放大镜功能。

（二）盲用辅助科技

盲用辅助科技指利用触觉或产生声响、语音，用以提示或报读讯息内容。盲用辅助科技可分为语音辅具及点字辅具两种。

1. 语音辅具：将视觉讯息转换为听觉讯号，让视障学生通过听取语音的方式学习或适应环境。例如：

（1）数位有声书播放器：具备文字转语音（朗读电子书）功能，常称为听书机；由于听书机牵涉储存容量，因此价格会受到内存容量的影响。电子书功能除了能读出语音档案（音讯格式文件如 mp3、wmv、wav 等），还可读出文本文件，支持哪一类的电子书格式（如 txt、htm、doc、pdf 等）视机种而定。

（2）屏幕报读软件：报读软件的主要功能为报读计算机中的文字（包含中文、英文、数字、符号及点字码等），不包含图片。依据各软件的强项及功能而各有差异，例如有的软件报读各类网站都没有问题，有的软件可报读特定的应用程序，有的软件使用的方式较为简单。

（3）语音报时器：语音报时器的简易功能有时间显示、报时及闹铃设定。

（4）语音手机：能够将基本功能如来电显示、文字讯息、各选单讯息等以语音报读之手机均称为语音手机；视障学生常用的语音手机有传统按键型及智能型两种。

2. 点字辅具：运用触觉能力，使用点字触摸方式接收或传输文字讯息。如点字板、点字机、点字手表、点字触摸显示器、盲用计算机及白手杖等。

（1）点字板：点字板和点字笔（笔尖为笔，后端的钝形器为橡皮擦功能）为一组，设有活页功能可以让用户将记录用纸（可以是便条纸格式或笔记本格式）放入，作为记录用。

（2）点字机：提供使用点字用户记录之用（笔的功能）。

（3）点字手表：利用凸点、记号等各种提示达到盲人可摸读出正确时间者，均属点字表范围。

（4）点字触摸显示器：连接计算机，以点字显现计算机信息（为全盲者的其中一种计算机屏幕）。

（5）白手杖：白手杖除了杖身为主要干体外，杖头（尖）是相当重要的零件。因为视障学生是依赖杖头敲击或滚动地面的回应来判断地面状况。

二、听障辅助科技

声音经过外耳、中耳传入内耳，再把声音处理后，经过听神经传到大脑进行分析与整合，因而产生听觉。因此，整个传递过程中，任何一个部分出现问题，都可能造成听力损失。听障辅助依据不同的部位可划分为传导性、感音神经性及混合性等三种类型。

（一）助听器

内部主要有三大部分：一是麦克风（microphone），二是增波器或称扩大器（amplifier），三是接收器（receiver）。声音由空气振动而先经过麦克风，转成电流，经过增波器放大后，传进接收器，再把电流转成声波，使听障者感应到声音。按照声音传导方式，助听器分为空气传导式（air conductive）与头骨传导式（born-anchored）两大类，大部分助听器属空气传导式，依其外形可大致再分为以下四种：

1. 口袋型：麦克风及增波器制作于一香烟盒大小的单元内，可置入口袋，以电线连接插于耳道的接收器。

2. 耳挂型：将所有组件制作成一小型弯曲的单元，可挂于耳后，并以软管插入耳道接收。

3. 眼镜型：将所有组件置入较粗厚的特制眼镜架内，以软管插入耳道接收。

4. 耳道型：根据佩戴者的耳道塑模，将所有组件置入一微小的单元内，可完全插于耳道中。以当前的科技水平，仅有耳道型助听器无法适用于重度听障者，其余三型不论何种听障程度皆适用。

此外，植入式听觉辅具需经外科手术方式，将辅具植入个案体内，通常属于高度风险医疗器材。这种类型的聆听辅具称为耳蜗植入（cochlear implants，CI），又称人工耳蜗或人工电子耳。

助听器除了声音处理技术的演变外，也相当注重与其他科技的搭配。诸如，助听器间的无线数据传输、助听器与各种声源间的串流播放、蓝牙联机能力等，美国 Apple 公司更推出 MFi（Made for iPhone）规格认证，改善助听器与 iPhone/iPad/iPodTouch 等搭配运用的便利性及功能性。

（二）聆听辅具（assistive listening device，ALD）

可以跟听觉辅具搭配或接驳的辅具，统称为聆听辅具。

1. 声音事件感应（sensory acid）。这种装置就是将声音转换成触觉、振动或视觉的感官方式。有些事件同时含有多元表征，另外有些事件则仅具有声音符号表征。

（1）第一种方式是让原生事件同时产生非听觉性的表征，强调是原始事件与所产生的事件之间的直接关系，如火灾闪光蜂鸣警示器、显示目前发言者的会议麦克风灯号系统、同时具备震动功能的闹钟等。

（2）第二种方式是在原生的声音事件发生时，触发次发性的非声音事件，除了有先后关系外，也有间接关系的存在，如闪光震动式婴儿哭声监护器、导聋犬等。

（3）第三种方式是将声音事件中的听觉符号表征以扩大或替代的方式，让听觉障碍者仍可接收，如搭配联网助听器的事件触发网络、声音事件传感器等。

2. 将声音的来源拉近或直接由来源将声音传送到听障者耳中，如调频系统、感应线圈。

（1）调频系统（Frequency Modulation System，FM System）

调频系统是最为人所熟知的远距麦克风听觉辅具科技，它的原理和调频广播电台相同，利用无线电波载送声音讯号，而无线电波的频率会根据声音讯号的"频率"进行调整，所以被称为调"频"系统。发射器和接收器要设定为相同的频道才能有效传递和接收声音。另外，助听器和人工电子耳必须有直接音源输入功能才能搭配使用调频系统。

（2）感应线圈（telecoil）

感应线圈又称 T-coil、T 线圈、T 功能，原是装设在助听器或人工电子耳里面的一个小组件，是一根用铜线缠绕的磁棒，可感应并接收环境中的电磁讯号，再把讯号转为电讯号供助听器/人工电子耳传送声音至耳朵。后来被延伸使用在其他场合，只要环境铺设有感应线圈即可。国际上常见一些公共场合为提供无障碍环境，铺设电磁感应线圈，听损者只要将助听器或人工电子耳的 T 功能开启，就可直接接收电磁讯号，避免噪声或距离因素影响聆听。

（3）近场磁感应（Near-Field Magnet Icinduction，NFMI）

这是一种低频率的电磁讯号无线传输科技，原理类似 T 线圈，但传输距离很短，在助听科技的应用上有以下两种：一种是两耳辅具之间的数据传输，另一种是把别处传来的讯号接力转传至助听器或人工电子耳。若听损者的辅具内建有相对应的无线科技可直接接收讯号，听损者需要佩戴一个音讯串流器作为界面，由串流器接收 FM、2.4GHz 或蓝牙讯号后，再利用近场磁感应方式将讯号转至助听器或人工电子耳。

3. 语音转换为字幕的系统、语音翻译（输出为语音或字幕）的系统、录音系统等。

4. 听语训练辅助系统。

听语训练辅助系统主要从音量大小、频率高低、时间长短方面考虑，依照听障者的实际听损状况做调整，从各种面向重新建构声音，协助听障者改善听能状况。该系统包括原音、稍慢、最慢、正音、智能型加大、子音高频位移、子音高频压缩、子音极致移频、压至中频、压至低频等功能，协助听障者从不同角度切入，重新认识声音，建立声音经验。

三、辅助沟通科技

辅助沟通科技适用于智障、听障、语障、自闭症、失智症或上列任一种障碍之多重障碍者；因身心功能损伤造成言语沟通困难，且严重影响人际互动及社会参与，如发展性障碍（含智能障碍、脑瘫、自闭症、语言发展迟缓）；后天性障碍（含失语症、脑伤、肌萎缩侧索硬化、帕金森病、失智症）。

辅助沟通系统（Augmentative and Alternative Communication，简称 AAC），AAC 的第一个 A 代表"扩大性沟通系统"（augmentative）。当你加强某些东西时，你可以对其进行添加或补充。扩大性沟通是指在口语中添加某些内容（例如，手语、图片、信纸），这样可以使你传达给听者的讯息更加清晰、明确。AAC 的第三个 A 代表"替代性沟通系统"（alternative）。当你无法说话，或别人不理解你的话语的情况下，你便需要另一种不同的沟通方式。基本上，AAC 可以是工具、系统、设备或策略，这些工具可以帮助人们在无法依靠口语的情况下进行沟通交流。主要包括以下四个要件：

（一）沟通符号（symbol）

沟通符合指利用视觉、听觉或触觉等以表征其欲表达概念，如手势、图形符号、声音。

1. 无辅助性符号，姿势、粗大/精细动作、眼部表情、眼睛动作、姿态、声音、手势码、手语。主要考虑智力、明确度、动作复杂性。

2. 有辅助性符号，又可分为实体的符号，如实物、迷你物、部分物品；表征性的符号，如照片、线条画、图片沟通符号、图画谜（Rebus）、布力斯符号（Blissymbols）。

（二）沟通辅助科技（aid）

这是指声音、影像传送或接收讯息的硬件装置，分类多样。

1. 有辅助器材和无辅助器材两种，前者是指用辅助的器材，如纸本、沟通器、计算机等；后者则是指没有用辅助的器材，而以身体姿势的使用为主。

2. 低科技沟通辅具：不具备打印或语音输出的功能，如图卡、沟通图卡、沟通簿、沟通版面、字母板、注音板等。高科技沟通辅具：具有打印或语音输出的功能。

3. 专门性及非专门性。专门性的高科技沟通辅具是可单独使用的，可分为固定版面，如手持式红雀、携带型青鸟、沟通笔、GoTalk、Card Talk；以及动态版面，如 Spring

Board、Dynavox。非专门性的高科技沟通辅具则无法单独使用，必须依存计算机的操作系统才能运作，如 PMLS Pro、Voice Symbol、Speaking Dynamically Pro、The Grid 2 等。

（三）沟通策略（strategy）

沟通策略包含符号的排列、词汇选择及训练。符号的排列分为网格式布局，将画面分为 N 个方格，并将同一属性符号放置同一区块；视觉场景布局，即情境化的安置，将物件与场景环境同时呈现。词汇选择的原则：个案有兴趣的，经常使用的，易学习，反映个案需求、年龄、性别、社会角色，具语意或语法的功能。训练的内容包含：符号意义的学习（单字词、双字词、简单句、复合句的应用）、设备的操作、使用的礼节。最重要的是给予身心障碍人士支持性决策（supported decision-making），确保身心障碍人士的自主选择和控制，参与有关他们自己生活的决定。

（四）沟通技术（technique）

讯息传递的方法，有直接选择和间接选择两种。直接选择：用户能够直接控制接口，并能在选项中选取任一按键。也就是说，使用者能借着自己的眼睛、声音、下巴、手指、脚趾或其他身体部位移动，来直接选择他想要的目标。直接选择可通过头杖、头控鼠标、眼控鼠标、嘴杖、手杖、激光棒、手写板、替代性键盘、触摸屏及语音的方式来控制沟通辅具。间接选择：使用者必须通过超过一个以上的步骤，才能选择到想要的选项。最常用的间接选择方式是扫描，须搭配 1~2 个特殊开关，并经由光标或灯号来回地扫描沟通版面的按键。扫描的方式有以下三种：自动式、逐步式、反向式。其种类可分为线性、循环及群组，沟通障碍者可依个别需求做调整。

四、计算机辅助科技

身心障碍者在操作计算机时，可能因为其身心特质造成一些使用上的困难，意即在操作计算机时有可能产生使用可及性（accessibility）的问题。例如，美国为了改善身心障碍者的困难，于 1990 年颁布《美国残疾人法案》（Americans with Disabilities Act）、《美国残疾人教育法案》（Individuals with Disabilities Education Act）以及 2004 年《辅助科技法案》（Assistive Technology Act），保障了身心障碍者使用计算机的权益。

微软操作系统是目前较为普遍的作业环境，其公司从 MS-DOS 开始就在自己的作业系统中纳入辅助功能。

（一）轻松存取中心

使用者可以依循"开始—所有程序—附属应用程序—轻松存取—轻松存取中心"步骤，或快捷键"微软窗口键（Windows Keys）与 U 键"开启轻松存取中心。

举例来说，一位弱视的学生想要改善看不清楚屏幕显示文字与图片的问题，他可以到"轻松存取中心"寻找他想要的解决方法。直接使用"屏幕放大镜"来增进他的浏览舒适度。若他没有意愿使用屏幕放大镜，希望能调整文字分辨率辅助浏览，选择"显示器放大文字"的辅助功能，调整文字字体大小以符合他的阅读舒适度。另外一种解决方法是使用"语音朗读程序"，以听觉的方式替代视觉浏览。使用者可以在"轻松存取中心"找到他想要的辅助功能来协助他使用计算机。

1. 屏幕放大镜

屏幕放大镜能依使用者的习惯来放大桌面环境内的文字与图片，提高用户的阅读可及性。既可以依循"开始—所有程序—附属应用程序—轻松存取—放大镜"的步骤来启动，也可以由"轻松存取中心"来启动。

举例来说，为了解决弱视学生无法清楚看见屏幕上的文字与图片问题，一开始教师必须先协助学生启动"屏幕放大镜"，接着教师调整屏幕放大镜的放大倍率，以"问与答"的方式询问学生是否能清楚看见屏幕上的文字与图片，最后教导学生如何使用屏幕放大镜、自行调整放大倍率与设定一开机时就启动屏幕放大镜。通过屏幕放大镜的功能辅助，学生或许就能改善浏览困难的问题。

2. 语音朗读程序

语音朗读程序是一种屏幕阅读器（screen reader）软件，通过文字转语音（Text-To-Speech）的方式来报读屏幕上的文字。

能报读键盘输入的英文字、数字、特殊符号与辅助按键，如 Ctrl 键、Caps Lock 键等。用户可以将文字转变为口语发音的输出，再从口语发音的回馈中知道文字讯息。

3. 语音识别系统

一种通过麦克风口述方式来对计算机下命令或进行文字编辑的辅助功能，用户无须使用键盘与鼠标，只要使用麦克风发音就可以操作计算机。举例来说，如果使用者想要开启"控制台"，只要对着麦克风依序念出"开始—控制面板"就会开启控制面板的窗口。

又如，手功能不佳的肢障学生无法持握鼠标与使用键盘打字，但想要使用 Windows 系统的应用程序"记事本"，他只要对着麦克风依序说"开始—所有程序—附属应用程序—记事本"等口语指令就能开启记事本，并用口说的方式来编辑文件。

（二）其他

高对比、色彩滤镜、文字游标可保障视障人士阅读屏幕的舒适性。CC 隐藏式字幕功能，专门用来辅助理解视频内容的字幕，该类字幕内容主要包括唱词、同期声、画外音、对白等，使用者可以自行打开或关闭字幕。

五、无障碍网页

信息无障碍（information accessibility）是在 2000 年八国首脑会议的《东京宣言》中伴随着数字鸿沟等相关问题而提出的，其理念是强调网络信息时代信息无障碍较之城市设施无障碍对残障人士的生存与发展具有同等重要的意义。在信息社会中，信息无障碍建设的目的是保障所有人信息平等的权利，包括平等地获取、使用、交流信息的权利。2012 年，我国国务院发布了第一部关于无障碍环境建设的专项政策《无障碍环境建设条例》，特别针对互联网信息无障碍这一个社会普遍关注的焦点问题，其中第三章第 23 条要求"残障人士组织的网站应当达到无障碍网站设计标准，设区的市级以上人民政府网站、政府公益活动网站，应当逐步达到无障碍网站设计标准"。2012 年，工业和信息化部也发布了中华人民共和国通信和行业标准《网站设计无障碍技术要求》，规定了无障碍的网站设计技术要求。

1999 年，万维网联盟（World Wide Web Consortium，简称 W3C）发布了网站内容无障碍标准 1.0（Web Content Accessibility Guidelines，简称 WCAG），这是国际上第一个被广泛接受和认可的无障碍标准。标准制定的最初目的是向网站开发者和辅助工具提供商推广网络无障碍的理念，但同时也被用作网站无障碍评估的标准。WCAG1.0 包括 14 条标准、65 个检查要点，2008 年升级至 2.0 版本，对检查要点和评估方法进行了更为详细的阐述，2018 年推出 WCAG2.1 版本。WCAG 的四大原则：

（一）可感知性

该原则的目的在于，使非文本内容也以文本形式提供，这里的"文本"是指"电子文本"。电子文本有独特的优势，它可以通过视觉、听觉、触觉等多种组合方式呈现。可以满足诸如低视力用户、阅读障碍用户的需求。提供替代文本，同步媒体有字幕，手语翻译，简单的布局，调整颜色、文本大小、文本对比度。

（二）可操作性

可操作性是指用户界面组件和导航必须可操作。如语音键盘输入、屏幕键盘输入，提供足够的时间用以阅读和使用内容，提供帮助用户导航、查找内容并确定其位置的方法。

（三）可理解性

可理解性是指信息和用户界面必须是可理解的。可以利用辅助技术，通过视觉、听觉、触觉阅读文本内容，理解文本信息。

（四）稳健性

该原则是指网站内容必须稳定到可被各式的用户代理（包括辅助技术）解译及兼容。

目前，能够检测网站是否存在无障碍问题的工具已有多种。自动检测工具允许设计人员、开发人员以及网站管理员等不同人员来对网站的无障碍性进行评估，能够显著减少评估网站所需要的时间和精力。

参考文献

[1] 姜海英 . 案例教学法在特殊教育语文教学中的应用 [J]. 新教育时代电子杂志（教师版），2020，（1）：167.

[2] 费兵 . 奥尔夫音乐在特殊教育学生中的应用 [J]. 魅力中国，2020，（14）：90-91.

[3] 苏出脱 . 浅谈合作学习在特殊教育中的有效应用 [J]. 当代家庭教育，2019，（7）：32.

[4] 孙军林 . 分层教学法在特教英语教学中的应用 [J]. 今天，2023，（8）：139-140.

[5] 翟珊珊，吴碧珠，张煜晨，等 . 适应行为评定量表（ABAS）的发展及其特殊教育应用述评 [J]. 绥化学院学报，2021，41（4）：11-18.

[6] 李菊芳，温圣强 . 弹幕互动式课堂在特殊教育中职专业课中的应用研究：以《电子技术基础》课程为例 [J]. 安徽教育科研，2019，（12）：75-77.

[7] 刘永萍 . 特殊教育专业复合应用型人才培养模式的探索与实践：以豫章师范学院特殊教育专业 "4+X+1" 模式为例 [J]. 现代特殊教育，2019，（16）：14-18.

[8] 张京生 . "互联网＋教学" 在听障生 "计算机网络" 课程中应用分析 [J]. 数字化用户，2019，25（16）：298.

[9] 刘晏宾 . 个性化教学在特殊教育学校语文课堂上的应用 [J]. 国际援助，2021，（12）：82-83.

[10] 赵昕 . 浅析信息技术在特殊教育中的应用 [J]. 课程教育研究，2020，（4）：1-3.

[11] 朱婷，张玉红 . 基于 ICF 构建特殊教育学校音乐教育的理论架构与方法体系 [J]. 中国康复理论与实践，2023，29（8）：977-984.

[12] 夏玉信 . 培智美术教学方法在特殊教育中的应用研究 [J]. 生活教育，2020，（17）：39-40.

[13] 王志乾 . 分层理念在特殊教育教学中的有效应用方式 [J]. 考试周刊，2020，（23）：19-20.

[14] 俞娱 . 试论特殊教育学校语文教学中多元化教学方法的运用 [J]. 中学生作文指导，2022，（35）：50-53.

[15] 祁昕 . 高校视障学生应用型音乐人才的融合教育培养方法研究：评《中国特殊音乐教育历史与现状研究》[J]. 人民长江，2022，53（10）：5.

[16] 王丹丹 . 合理运用教学方法化解特殊教育中职学校盲生思政教学难题 [J]. 教育

（周刊），2021，（40）：29.

[17] 刘伟，李怀彬，曹灿 ."互联网＋"技术在特殊教育学校无障碍教学中的应用 [J].安徽教育科研，2019，（1）：107-108.

[18] 胡威 .以"分一分（一）"为例谈"案例教学法"在特殊教育数学教法课程中的应用 [J].中国多媒体与网络教学学报：电子版，2020，（36）：58+61.

[19] 李冬杰 .论合作学习在特殊教育中的应用 [J].读天下：综合，2020，（16）：1.

[20] 宁雪莲 .特殊教育数学教学中生活化的应用 [J].世纪之星（小学版），2021，（32）：37-38.

[21] 杨梅 .微课程在特殊教育体育教学中的有效应用 [J].中文科技期刊数据库（全文版）教育科学，2021，（1）：298.

[22] 夏士然 .信息技术在特殊教育中的应用 [J].中国宽带，2022，（3）：91-93.

[23] 徐蓓 .关于辅助技术在特殊教育中应用的研究 [J].课程教育研究：学法教法研究，2019，（16）：64-65.

[24] 李晓惠 .图解在职业院校特殊教育中的应用 [J].百科论坛电子杂志，2020，（18）：391.

[25] 陈思 .信息技术在特殊教育中的应用策略探索 [J].环球慈善，2019，（12）：1.

[26] 何胜刚 .浅析特殊教育中信息技术的应用现状 [J].幸福生活指南，2019，（15）：1.

[27] 刘杨 .特殊教育中双语教学的应用研究 [J].进展：教学与科研，2022，（9）：59-60.

[28] 谭艳超，尚晓丽 .我国特殊教育中信息技术的应用现状及发展对策 [J].绥化学院学报，2020，（10）：153-155.

[29] 马腾，王雨田，田瑶瑶 .新公共管理在特殊教育领域的启示与应用 [J].环球慈善，2019，（10）：1.

[30] 樊星 .个性化教学在特殊教育语文课堂教学中的应用 [J].真情，2020，（12）：136.

[31] 蒋毅 .信息技术在特殊教育学校的应用 [J].文渊（小学版），2019，（2）：372.

[32] 王玉倩 .情境教学法在特殊教育学校数学教学中的应用 [J].中外交流，2019，（22）：66.

[33] 李晶 .多媒体技术在特殊教育数学课程教学中的应用探究 [J].新课程（教师版），2019，（6）：124-125.

[34] 王丽荣，李佳奇 .信息技术在特殊教育中的应用策略与促进作用 [J].教育信息化论坛，2022，（6）：66-68.

[35] 李彦群 .特殊教育学科的应用型转型与路径选择 [J].绥化学院学报，2019，（7）：1-6.

[36] 冯秋涵，邓猛 . 合作学习及其在特殊教育中的应用 [J]. 现代特殊教育，2019，（3）：21-24.

[37] 刘晓燕 . 应用型高校特殊教育专业案例教学的应用研究 [J]. 潍坊学院学报，2019，（1）：113-115.

[38] 王鹏学 . 特殊教育中信息技术的应用现状 [J]. 文学教育，2019，（9）：166-167.

[39] 瞿鹏飞 . 生活即教育理念在特殊教育中的应用研究 [J]. 当代教育实践与教学研究（电子刊），2020，（21）：303-304.

[40] 罗艳 . 立足生活，强化体验：体验式教学在特殊教育数学教学中的应用 [J]. 新教育时代电子杂志（教师版），2020，（23）：141.

[41] 索朗措姆 . 小学家庭特殊教育中家校互动模式应用 [J]. 文渊（小学版），2020，（9）：79.

[42] 武喜平，薛燕华 . 试论特殊教育中信息技术的应用 [J]. 幸福生活指南，2020，（1）：1.

[43] 肖斌 . 特殊教育中信息技术的应用研究 [J]. 读与写（上下旬），2020，（14）：293-294.

[44] 冯媛 . 特殊教育小学数学中分层教学法的应用 [J]. 前卫，2020，（4）：112-114.

[45] 马珍珍，呼琼霞，曹婕琼 . 因材施教理念在特殊教育领域的发展与应用 [J]. 现代特殊教育，2022，（13）：63-66.

[46] 罗秀娟 . 生活化教育在特殊教育语文教学中的应用 [J]. 中外交流，2019，（25）：174.

[47] 翟子雯 . 我国特殊教育中信息技术的应用现状及发展对策 [J]. 文渊（小学版），2020，（7）：373.

[48] 张淳淼 . 特殊教育学科培智学生关键能力分析教学模式的具体应用：以《神奇的针法：藏线针法 2》一课为例 [J]. 黑龙江教育（小学版）2019，（6）：18-19.